DEVOCIONAL
UMA JORNADA PARA UMA VIDA PLENA

LIVRE EM 21 DIAS

Amanda Veras

DEVOCIONAL
UMA JORNADA PARA UMA VIDA PLENA

LIVRE EM 21 DIAS

Principis

Esta é uma publicação Principis, selo exclusivo da Ciranda Cultural
© 2023 Ciranda Cultural Editora e Distribuidora Ltda.

Texto
Amanda Veras

Editora
Michele de Souza Barbosa

Preparação
Adriane Gozzo

Revisão
Fernanda R. Braga Simon

Produção editorial
Ciranda Cultural

Diagramação
Linea Editora

Design de capa
Ana Dobón

Imagens
coz1421 – stock.adobe.com

Dados Internacionais de Catalogação na Publicação (CIP) de acordo com ISBD

V476d	Veras, Amanda
	Devocional livre em 21 dias - uma jornada para uma vida plena / Amanda Veras. - Jandira, SP : Principis, 2023.
	192 p. ; 15,50cm x 22,60cm.
	ISBN: 978-65-5097-119-9
	1. Autoajuda. 2. Inteligência emocional. 3. Cristianismo. 4. Motivação. 5. Propósito. 6. Deus. 7. Autoconfiança. I. Título.
2023-1657	CDD 158.1 CDU 159.92

Elaborado por Lucio Feitosa - CRB-8/8803

Índice para catálogo sistemático:
1. Autoajuda : 158.1
2. Autoajuda : 159.92

1ª edição em 2023
2ª impressão em 2024
www.cirandacultural.com.br
Todos os direitos reservados.
Nenhuma parte desta publicação pode ser reproduzida, arquivada em sistema de busca ou transmitida por qualquer meio, seja ele eletrônico, fotocópia, gravação ou outros, sem prévia autorização do detentor dos direitos, e não pode circular encadernada ou encapada de maneira distinta daquela em que foi publicada, ou sem que as mesmas condições sejam impostas aos compradores subsequentes.

SUMÁRIO

Introdução..7

Princípio 1

Encare a verdade...10

Livre da mentira...15

Livre da vergonha...21

Livre da culpa..27

Princípio 2

Assuma sua identidade...32

Livre da frustração...36

Livre da comparação..41

Livre da competição...54

Princípio 3

Encontre seu propósito...58

Livre da falta de propósito...63

Livre da mentalidade de escassez................................69

Livre da necessidade de aprovação..............................77

Princípio 4

Abrace a cura emocional..84

Livre da inconstância emocional.................................88

Livre da amargura 94

Livre das estacas emocionais 101

PRINCÍPIO 5

Viva o milagre... 106

Livre do orgulho... 111

Livre do orgulho (texto 2).. 117

Livre da falta de perdão.. 128

Livre do medo.. 133

PRINCÍPIO 6

Desenvolva a fé 142

Livre da incredulidade... 147

Livre da estagnação espiritual 154

Livre da solidão 160

PRINCÍPIO 7

Seja livre.. 166

Livre da murmuração.. 170

Livre da impaciência... 174

Livre da insatisfação... 184

CONCLUSÃO... 189

Introdução

> FOI PARA A LIBERDADE QUE
> CRISTO NOS LIBERTOU. PORTANTO,
> PERMANEÇAM FIRMES E NÃO SE DEIXEM
> SUBMETER NOVAMENTE A UM JUGO
> DE ESCRAVIDÃO. (GÁLATAS 5:1)

O oposto da liberdade é a escravidão.

Muitas vezes, nos vemos presos às nossas emoções e aos nossos sentimentos, nascidos das experiências que vivemos ao longo da vida. Tornar-se livre não é apenas uma decisão a ser tomada, pois os traumas vividos são atemporais e podem transformar o curso de nossa história.

A doutora Rosana Alves, neurocientista e psicóloga, explica que "a expressão de sua personalidade seria diferente sem o trauma".

Não escolhemos viver traumas em nossa vida, mas, sim, deixar de viver por nos tornarmos prisioneiros deles.

Talvez você esteja se perguntando: "Mas como posso me tornar livre?".

Nessa construção do processo de ressignificar sua história e ser livre do medo, da necessidade de aprovação, da vergonha e de tantas outras prisões, é preciso decidir renovar a mente e desenvolver, de forma inteligente, a espiritualidade, utilizando tudo aquilo que a palavra de Deus nos disponibiliza.

É necessário lembrar que, para viver uma vida livre de tantos sentimentos, emoções e traumas que nos aprisionam, Deus, por intermédio de Sua palavra, nos muniu não só de uma armadura (Efésios 6:10) para enfrentarmos esses e tantos outros desafios como também nos capacitou a pensar e a agir de forma diferente. A essa capacidade chamamos de reserva cognitiva.[1]

Assim, munidos da palavra de Deus, capacitados e revestidos do Espírito Santo, convido você, por meio deste *Devocional livre em 21 dias*, a desfrutar da liberdade que Jesus conquistou na cruz por mim e por você!

Minhas escolhas determinam meu destino: hoje escolho ser livre!

Embora a dor seja inerente a todos os seres humanos, enquanto habitamos este mundo que jaz do maligno (1 João 5:19) e viver se torna, por tantas vezes, um grande desafio, somos chamados para enfrentar os gigantes que se levantam diante de nós e avançar em busca da vida plena que Deus reservou para seus filhos.

À medida que avançamos, sem desistir, nessa batalha da vida, experimentamos, na superação de cada desafio, a liberdade dos filhos de Deus, como descrito na carta do Apóstolo Paulo aos Hebreus: "Nós, porém,

---

[1] Capacidade do indivíduo de emitir uma resposta cognitiva, da melhor maneira possível, perante os desafios. De acordo com a Wikipédia, "O termo reserva cognitiva descreve a resistência da mente às lesões no cérebro" (disponível em: https://pt.wikipedia.org/wiki/Reserva_cognitiva. Acesso em: 29 jun. 2022).

não somos dos que retrocedem e são destruídos, mas dos que creem e são salvos" (Hebreus 10:39).

Em muitos momentos, a dor vem para desafiar e tentar, convidando-nos a "abrir mão" da liberdade conquistada por Jesus na cruz e assim permanecermos em uma vida de escravidão.

Neste devocional, quero encorajar você a viver os 7 princípios para uma vida de liberdade em Deus. Este é um convite para uma imersão em uma jornada de 21 dias na busca para ser livre de tudo aquilo que o impede de ser quem Deus formou para ser!

Vamos juntos?

Com amor,

Amanda Veras

Encare a verdade

E CONHECEREIS A VERDADE, E A VERDADE VOS LIBERTARÁ.

– JOÃO 8:32

Encarar a verdade de quem somos é um grande desafio, assim como uma grande libertação. Dar-nos conta de que não somos "tão perfeitinhos" ou "tão bonzinhos" quanto pensamos também significa encarar a verdade, a verdade de QUEM EU SOU.

Sou Amanda, filha amada de Deus, e, quando descobri isso, foi um bálsamo para minha alma. Contudo, antes, foi o início da jornada de uma nova vida em Cristo.

Faço essa jornada diariamente e, quando as distorções de identidade, de chamado e de propósito batem à porta do meu coração trazendo medo e tantas inseguranças, passo a declarar: "Sei quem sou em Cristo".

E não é de uma hora para outra que os sentimentos desajustados que dão origem aos pensamentos distorcidos passam. Preciso refletir e repetir para mim mesma:

"Amanda, lembre-se de quem você é!". Então, volto para o lugar de filha amada de Deus, imperfeita, repleta de medos, mas que todos os dias decide caminhar mais um pouco na busca de ser indesistível ao propósito Dele para mim, que é ser quem Ele me chamou para ser: AMANDA.

REFLEXÃO

E você, qual é a sua identidade? Quem você é?

Comece escrevendo seu nome e declare o que está descrito em João 1:12: "Contudo, aos que o receberam, aos que creram em seu nome, deu-lhes o direito de se tornarem filhos de Deus".

Eu, _____, te recebo, Jesus, em meu coração.

Eu, _____, declaro que creio em Ti como filho unigênito de Deus.

Eu, _____, me torno filho(a) de Deus.

Ao conhecer a verdade de quem somos – filhos de Deus –, sabemos que uma vida nova nos é proposta, porque a verdade que agora habita nosso coração traz uma realidade inédita, um novo caminho:

> Já estou crucificado com Cristo; e vivo, não mais eu, mas Cristo vive em mim; e a vida que agora vivo na carne, vivo-a pela fé do Filho de Deus, o qual me amou, e se entregou a si mesmo por mim. (Gálatas 2:20)

Nossa vida livre passa pela morte de Jesus na cruz.

Se hoje sou livre da mentira sobre minha identidade, da vergonha dos meus pecados, da culpa pelas minhas transgressões, foi porque conheci a verdade de meu PAI, que me amou e tudo entregou por mim – e fará o mesmo por você.

> Porque Deus amou o mundo de tal maneira que deu o seu Filho unigênito, para que todo aquele que nele crê não pereça, mas tenha a vida eterna. (João 3:16)

Minha oração por você é que este devocional seja um romper em sua vida; que você seja indesistível na caminhada de fé e amor, conhecendo a verdade à luz da palavra de Deus e sendo livre, verdadeiramente livre, para a liberdade de sua nova vida em Cristo.

DEVOCIONAL

LIVRE DA MENTIRA

*Quando um homem se torna um cristão, ele se
torna trabalhador, confiável e próspero"*
– JOHN WESLEY

Será que existem níveis de mentira?

Acredito que não haja níveis de mentira, mas de pessoas afetadas pela mentira. E penso que, antes de afetar o outro, a mentira afeta aquele que mente, porque, se preciso sustentar uma mentira, na grande maioria das vezes, é porque não suporto a realidade. E que realidade é essa? Para quem mente, trata-se da realidade da própria vida, da insatisfação pessoal e de como conduz sua história.

Vira e mexe estamos mentindo. Mentimos para nossa mente quando acreditamos que o que fazemos é melhor que aquilo que o outro faz; mentimos quando julgamos que sabemos mais ou que faríamos algo de um jeito melhor; mentimos para nós mesmos fugindo da realidade em vez de abraçar nossas imperfeições e de desenvolver um olhar acolhedor, compassivo e de perdão para conosco.

A mentira traz consequências muitos sérias. Pior que a realidade distorcida do mentiroso é o engano que envolve a vida construída em mentiras, cujo destino é a ruína.

Você já parou para pensar por que mentimos?

Eu já menti e sofri as consequências da mentira.

Menti para mim, sorrindo para as pessoas e chorando na dor da minha alma ferida.

Menti para mim mesma quando achei que não era capaz de ouvir o chamado de Deus, então mentia sendo legal com todo mundo e uma grande autossabotadora.

Menti quando quis ser quem não era, para agradar às pessoas e ser aceita.

Perceba que, em todas as mentiras, quem mais sofreu fui eu.

E como saí desse círculo vicioso?

Posso lhe dizer que é uma decisão e um compromisso diário escolher andar com Deus, e, para andar com Ele, precisamos estar em verdade, porque onde há luz não há espaço para as trevas.

> Falando novamente ao povo, Jesus disse: "Eu sou a luz do mundo. Quem me segue, nunca andará em trevas, mas terá a luz da vida (João 8:12)

Quem mente anda nas trevas, pois anda longe da verdade, distante de Deus.

A mentira é pedra de tropeço que nos deixa de cara com o chão, e quem olha para o chão perde a perspectiva do que está à frente, deixando de avançar, de viver.

Gosto muito de aprender com homens e mulheres de Deus na Bíblia, para que, em momentos de tentação, quando o inimigo de nossa alma sussurra em meu ouvido suas mentiras, eu possa me lembrar de tantas pessoas que, assim como eu e você, imperfeitas, com traumas e medos, erros e acertos, decidiram crer e confiar em Deus, não nas mentiras do diabo.

Em momentos de crise, descobri que um santo remédio é meditar na Bíblia; é ter meu tempo com Deus. Então, mesmo sem vontade, com o corpo cansado, reflexo da alma angustiada, vou fazer o meu devocional.

E ali, intimamente, adorando a Deus, vou tratando das feridas da alma, encontrando consolo e paz para as inquietudes do coração.

7 PASSOS DE COMO FAZER UM DEVOCIONAL[2]

Separe um tempo e escolha um lugar em que você possa ficar sozinho(a).
Crie uma atmosfera de adoração. (Monte uma *playlist* com músicas para adorar. No meu devocional, costumo acessar o YouTube e digitar palavras-chave como "*soaking instrumental*", "Julie True", "músicas para adoração instrumental".)

---

[2] Entre no site www.amandaveras.com.br e conheça o plano de leitura bíblica anual gratuito.

> Fique em silêncio e deixe Deus ministrar ao seu coração. Nesse silêncio, longe de interferências externas, aumente a voz da presença do Espírito Santo em você e diga palavras de adoração de quem Ele é!
> Tenha por perto uma caderneta para suas anotações. Anote o que Deus falou com você ou como está se sentindo. Essa é uma das formas de colocar para fora a dor da alma e, após algum tempo, ler, revisitar e constatar que a angústia do passado não tem lugar no presente. Interceda pelos pedidos de oração e declare a palavra. Por exemplo: se vou interceder por alguém enfermo, declaro versículos bíblicos de cura. Desenvolva a gratidão! Agradeça a Deus por tudo que você já tem e pelo que não tem, pelos livramentos que não conhecemos, mas que Ele nos concedeu.
> Leia a Bíblia diariamente. Grife, faça anotações, estude a palavra e sinta-se repleto da presença de Deus.

Eu precisava me livrar da mentira que contava diariamente a mim mesma: de que não era digna de tudo que tinha; de que não era capaz. Precisava me livrar da mentira acerca da minha identidade de filha amada de Deus.

Em um momento de crise como esse (pelo qual, creio, todos nós passamos), eu estava triste havia alguns dias, quando recebi uma mensagem do meu marido, a qual compartilho aqui com você.

Minha identidade é: filha amada.
Lugar onde sou importante: minha família.

A realidade é que o lugar mais importante para existirmos é em nossa casa.

Abraçamos mentiras de desvalor porque nos comparamos, porque passamos tempo demais nas inverdades das redes sociais, que adoecem a alma, em vez de investirmos tempo e amor no lugar onde somos insubstituíveis: em nossa família, construindo nosso lar!

As distorções da nossa realidade ganham força quando mentimos para nós mesmos, com medo de não sermos suficientes, com comparações que trazem dor e insatisfação. Sabe quando tudo o que se tem já não traz mais alegria? Quando por medo de não sermos aceitos agimos de forma mentirosa?

Abraão, o pai da fé, também fez isso. Quando estava sob pressão, distorcia a verdade, ou seja, mentia.

Em Gênesis 12:10-20, Abraão desceu ao Egito porque havia fome em sua terra, não havia alimentos. Com medo de morrer, porque a esposa Sara era muito bonita, ao chegarem ao Egito, ele a orientou a mentir, dizendo-lhe que não contasse a ninguém que era sua esposa, e a assumir outra identidade:

> E será que, quando os egípcios te virem, dirão: Esta é sua mulher. E matar-me-ão a mim, e a ti te guardarão em vida.
> Dize, peço-te, que és minha irmã, para que me vá bem por tua causa, e que viva a minha alma por amor de ti. (Gênesis 12:12-13)

A mentira precede a falta de confiança. Se decidimos andar com Deus, precisamos fazê-lo em verdade, assumindo quem somos e nos permitindo ser moldados por Ele. Nas pressões da vida, a mentira não é uma saída nem uma escolha!

Decida sempre andar em verdade e na verdade. Em verdade com você e na verdade da palavra de Deus.

Sob pressão, Abraão escolheu "dar um jeitinho", e logo a verdade apareceu. Perceba que, de forma sutil, a mentira (porque Sara era sua meia-irmã – Gênesis 20:12) foi o mesmo recurso utilizado por ele para escapar de outra situação semelhante. Em Gênesis 20:1-18, ao cair em tentação novamente, dessa vez ele nega que Sara é sua mulher.

Podemos aprender com essa história que a mentira sempre vem à tona, e que os frutos produzidos por ela são o engano e a dor. Sob pressão, não abrace a mentira – posicione-se em verdade.

A verdade constrói um caráter forjado nas pressões e aprovado perante Deus e os homens.

Para ser livre da mentira, preciso abraçar a verdade e andar em verdade, ainda que me custe enfrentar situações tão desafiadoras quanto as vivenciadas por Abraão. Se desejamos ser instrumentos nas mãos de Deus, precisamos agir com verdade. E esse pensamento começa na verdade consigo mesmo.

Como você tem agido com suas escolhas? Em que tem escolhido acreditar acerca de sua identidade?

Se a situação atual é a mesma de Abraão, aprenda com ele: que, após se posicionar em verdade, ele pôde livrar as pessoas envolvidas na rede de mentiras criada por ele mesmo, e a provisão do que necessitava para seguir foi liberada por Deus.

 A VERDADE LIBERA A PROVISÃO
PARA SUA PRÓXIMA ESTAÇÃO.

Não vou falar aqui sobre como ser livre da mentira e deixar de ser mentiroso, mas, sim, sobre como ser livre da mentira que você decidiu abraçar como verdade e o está impedindo de ser filho de Deus, de descansar na sua identidade e de ser tudo aquilo que Ele planejou para você.

Livre-se da mentira que o inimigo da alma sussurra a você e ouça o rugido do leão da tribo de Judá dizendo: Filho(a)! Filho(a)! Filho(a) amado(a) do Pai!

ORAÇÃO FINAL

Hoje decido ser livre de mentiras. Pai, em nome de Jesus declaro: sou livre do engano, das acusações do inimigo; sou livre porque estou firmada em Ti, porque O recebo como meu único Senhor e Salvador, porque na cruz meus pecados foram perdoados. Abraço minha identidade de filho(a); decido, hoje, ser livre!

Meus ouvidos estão prontos para ouvir o que o Senhor me diz; meu coração está preparado como boa terra para ser arada pela verdade e disponível para que o Senhor seja o semeador do solo.

Quero florescer e dar frutos de verdade; quero viver Tua verdade em mim.

Pai, se as mentiras que abracei durante anos roubaram meus sonhos, mataram minha esperança e destruíram minha vida, hoje declaro que rompo com essa mentalidade e me posiciono em Ti, para ser e viver tudo aquilo que o Senhor tem preparado para mim. Eu te amo, e no Teu amor sou livre de mentira; sou livre para viver minha vida na verdade!

Em nome de Jesus, amém!

DEVOCIONAL

LIVRE DA VERGONHA

Não tenha medo; você não sofrerá vergonha. Não tema o constrangimento; você não será humilhada. Você esquecerá a vergonha de sua juventude e não se lembrará mais da humilhação de sua viuvez.
– ISAÍAS 54:4

A vergonha é um sentimento de humilhação e desonra que pode ser compreendido como consequência do pecado e resultado da rejeição. Muitas vezes utilizada como escudo que impede a exposição, a vergonha pode afetar nossa vida de várias maneiras, sendo impedimento para a construção de vínculos, minando os relacionamentos sociais, pessoais e afetivos e, acima de tudo, nossa relação com Deus.

A vergonha nasce diante da exposição do pecado e da consciência do erro e, como coroa, posiciona-se sobre nossa cabeça, dominando nossos pensamentos e criando bloqueios emocionais.

A autoacusação parece ser um *outdoor* luminoso à nossa frente, piscando em letras garrafais o pecado cometido; assim, dominada pela vergonha, nossa mente é ocupada pelo medo, pela condenação e por pensamentos distorcidos sobre nós mesmos e sobre Deus.

Christine Caine,[3] ativista, escritora e conferencista internacional, menciona que "A vergonha faz isso. Ela sussurra mentiras para a sua alma".

Adão e Eva viviam no Jardim do Éden, local criado por Deus. Você consegue imaginar como era esse jardim? Além da beleza e do ambiente perfeito, Adão e Eva desfrutavam da comunhão diária com Deus, livres de toda vergonha.

O homem e sua mulher viviam nus e não sentiam vergonha...
(Gênesis 2:25)

---

[3] CAINE, Christine. *Livre da vergonha*: solte a bagagem, abrace sua liberdade e cumpra seu destino. Trad. Carlos Chagas. Brasília: Chara Editora, 2016. p. 24.

Temos a primeira demonstração do resultado do pecado, uma nova visão, um novo entendimento. A nudez, que outrora não causava vergonha, agora se revela como algo assustador; então, Adão e Eva, ao constatarem sua nudez, resultado da desobediência à ordem de Deus (não comer o fruto da Árvore do Conhecimento do bem e do mal – Gênesis 2: 17), ficam com medo e acabam se escondendo, como se fosse possível se esconder de Deus (Ele é onipresente – Salmos 139:7-12). Mas a vergonha faz isso: traz o medo, que nos afasta do perfeito amor, como ensina a pesquisadora Brené Brown, em *A arte da imperfeição*:[4] "Vergonha é, basicamente, o medo de não sermos dignos de amor, que é o extremo oposto de assumirmos a nossa história e nos sentirmos dignos de valor".

Adão e Eva, com medo, se escondem. A vergonha age desta forma:

1. nos afasta do amor;
2. nos aprisiona com sentimento de dor;
3. traz a autorreprovação.

> A justiça engrandece a nação, mas o pecado é uma vergonha para qualquer povo. (Provérbios 14:34)
>
> Sofro humilhação o tempo todo, e o meu rosto está coberto de vergonha. (Salmos 44:15)

Para ser livre da vergonha, é preciso ter um posicionamento claro da vida que escolho ter, dos caminhos que desejo percorrer e a quem confiar meu coração.

Em Romanos, o apóstolo Paulo fala sobre lançar fora o constrangimento ao anunciar a boa-nova, a mensagem da cruz de Cristo.

---

[4] BROWN, Brené. *A arte da imperfeição:* abandone a pessoa que você acha que deve ser e seja você mesmo. Trad. Lúcia Ribeiro da Silva. Rio de Janeiro: Sextante, 2020. p. 62

> Não me envergonho, porque é o poder de Deus para a salvação de todo aquele que crê: primeiro do judeu, depois do grego. (Romanos 1:16)

Será que você pode declarar essa verdade? Não me envergonho de seguir a Cristo!

Embora, muitas vezes, as pessoas possam pensar algo totalmente diferente a respeito da fé que você professa, mantenha-se como Paulo, convicto do poder da palavra de Deus, capaz de transformar vidas e de nos tornar verdadeiramente livres. E ame; ame como Jesus amou.

A raiz da vergonha é o pecado. Então pergunto a você: qual é a raiz da vergonha que você tem sentido?

Você pode justificar dizendo: "Ah, Amanda, tenho vergonha de falar em público, porque sou tímido(a)".

Para ser livre da vergonha, é necessário passar pelo processo de reflexão e verificar as possíveis influências internas e externas que afetam sua aceitação e impedem a construção de uma mudança consciente.

Por inúmeros fatores, muitas pessoas se escondem atrás do sentimento de reprovação por trás da vergonha, impedindo a cura desse sentimento de desvalor, quando, na realidade, o acesso às partes dolorosas de nossa história é o processo para a verdadeira liberdade.

Parte do processo de me tornar livre da vergonha são as afirmações concretas sobre o que a palavra de Deus diz a meu respeito. Se a vergonha é um sentimento de desonra e humilhação, declare sobre sua vida o que a palavra de Deus afirma:

> Eu me revisto de força e de dignidade; e decido sorrir diante do futuro. (Provérbios 31:25)
>
> Riquezas e honra estão comigo, assim como os bens duráveis e a justiça. (Provérbios 8:18)

Escolha, todos os dias, mudar sua perspectiva. VOCÊ NÃO É SEU ERRO!

Dor, rejeição, acusação, sentimentos de desvalor e pensamentos de desonra serão as armas do inimigo para paralisar você perante o processo de se tornar livre da vergonha.

No entanto, não há nada mais poderoso que a palavra de Deus; então, declare-a com convicção, aja com flexibilidade e lance fora a rigidez que impede a aceitação do processo de construção, de mudança e de ressignificação de sua história!

Como disse o psicólogo estadunidense Carl Rogers,[5] "Quando me aceito como sou, estou me modificando".

Lembro-me de que, em certa ocasião, fui compartilhar a programação de um evento. Decidida a enfrentar a vergonha (raiz da rejeição), comecei a falar ao microfone e, ao final, feliz pela atitude de coragem e enfrentamento que acabara de vencer, vi uma pessoa vindo em minha direção. Ela olhou para mim e disse: "Olha, você até que fala direito, mas fala tão rápido que ninguém entende nada".

Aquele comentário me paralisou; fiquei estática e fui sendo tomada pela vergonha. Vinham-me à mente pensamentos do tipo: "por que fui falar? Para que usar o microfone? Nunca mais farei isso!". Imersa nesses pensamentos, notei que meus ombros haviam se encolhido, que estava cabisbaixa, além de uma dor que parecia estremecer meu corpo, então o sentimento de fracasso veio em minha mente.

Foi aí que me lembrei do que a palavra de Deus diz em Lamentações:

> Quero trazer à memória o que pode me dar esperança. (Lamentações 3:21)

A palavra é cura! E, para ser livre de toda vergonha, eu precisava declarar quem eu era!

Naquele momento, comecei a orar e recordei o que a palavra de Deus declara sobre mim: Ele me formou (Salmos 139:13); Ele me separou desde

---

[5] ROGERS, Carl R. *Tornar-se pessoa*. Trad. Manuel José do Carmo Ferreira e Alvamar Lamparelli. 6 ed. São Paulo: WMF Martins Fontes, 2009.

o ventre da minha mãe (Jeremias 1:5). Nesse instante, pude sentir um peso saindo de mim; em seguida, respirei fundo e superei esse desafio da vergonha ocasionado pela raiz da rejeição. Olhei para a pessoa que viera ao meu encontro e disse "Deus me fez assim, inclusive do jeitinho que falo!". E saí sorrindo. Pensei: "Senhor, não me movo pelos elogios nem posso me mover pelas críticas. Pai, o Senhor sabe do meu coração, sabe a motivação daquilo que estou fazendo".

Esse pensamento levou embora a vergonha que me acometeu e quis me paralisar.

Talvez hoje sua mente esteja mergulhada em um estado de autopunição. Ao olhar o que fez, você só enxerga o pecado cometido e sente tanta vergonha que não consegue seguir adiante. Lembre-se do que o apóstolo Paulo nos ensina:

> Nesse caso, não sou mais eu quem o faz, mas o pecado que habita em mim. Sei que nada de bom habita em mim, isto é, em minha carne. Porque tenho o desejo de fazer o que é bom, mas não consigo realizá-lo. Pois o que faço não é o bem que desejo, mas o mal que não quero fazer esse eu continuo fazendo. Ora, se faço o que não quero, já não sou eu quem o faz, mas o pecado que habita em mim. (Romanos 7:17-20)

O pecado que habita em mim faz soar como justificativa para pecar, mas, na realidade, o apóstolo Paulo está nos ensinando a necessidade à dependência de Cristo, que é quem nos protege e guarda do pecado. Jesus Cristo venceu o pecado, e Nele somos mais que vencedores, livres de toda vergonha!

Decida hoje se posicionar diante da vergonha. Apresente a Deus as situações que lhe causaram vergonha, humilhação, dor. Perante Ele e Seu poder, toda raiz de vergonha pode ser quebrada de sua vida.

Declare: não tenho medo, não sofrerei vergonha! Não tenho constrangimento, não serei humilhado(a)! (Isaías 54:4)

Oração final

Senhor, agradeço a Ti, pois pela fé já me vejo livre da vergonha. Assumo a vergonha e a deposito aos pés da cruz. Abraço essa cura em minha vida e vivo o milagre de ser livre de toda raiz da vergonha, seja ela a rejeição, a humilhação ou a acusação. Declaro de todo o meu coração e com convicção: tenho a mente renovada e transformada. Oro por novas atitudes e decisões na minha caminhada Contigo! Declaro na autoridade e no poder que há no nome de Jesus que a vergonha não exerce mais nenhum poder e nenhuma influência sobre mim! Declaro o sangue de Jesus sobre minha vida. Celebro: sou livre de toda vergonha, porque não há acusação para aqueles que estão em Cristo Jesus.

Eu, _____, sou livre da vergonha!

Devocional

Livre da culpa

Lava-me de toda a minha culpa e purifica-me do meu pecado.
— Salmos 51:2

    A culpa é um fardo pesado de carregar. Já me senti tão culpada tanto por algo que não fiz quanto por algo que fiz. E você deve estar se perguntando: como assim, culpada por algo que *não fez*?

    Sabe quando você tenta se culpar para encontrar uma resposta que não existe, por uma situação da qual você não tem culpa?

    Por algum tempo, tentei me culpar pelas minhas escolhas e pelo modo como levava a vida para justificar o diagnóstico oncológico.

    Algumas pessoas agem dessa maneira, em momentos de dor. A culpa até parece uma resposta para justificar o que estamos passando. É mais ou menos assim:

    Há situações em que, de fato, somos culpados, mas outras, não, e se autopunir também é uma forma de buscar respostas, porque lidar com a vida e suas incertezas é um grande desafio.

    Ah, quantas vezes me culpei sem ter culpa e quantas outras quis fugir porque a culpa era minha, mas não queria assumir a responsabilidade.

Culpar os outros é mais fácil; é uma fuga da realidade. Contudo, Deus deseja cuidar do nosso coração, removendo dele o peso da culpa, alinhando nosso interior para a restauração completa. Afinal, o peso da culpa é opressivo demais para se sustentar durante a jornada da vida.

> Vinde a mim, todos os que estais cansados e oprimidos, e eu vos aliviarei.
> Tomai sobre vós o meu jugo, e aprendei de mim, que sou manso e humilde de coração; e encontrareis descanso para as vossas almas. Porque o meu jugo é suave e o meu fardo é leve. (Mateus 11:28-30)

Quando somos curados por Deus para sermos livres da culpa, encontramos o descanso sobre o qual Jesus se refere: aquele para a alma. O descanso longe da acusação, na confiança de que, mesmo com os fardos da vida, seguiremos adiante com leveza.

Quando falo em *encontrar o descanso para a alma*, vêm-me à mente tantos Salmos de Davi e de situações nas quais ele próprio cogitou desistir ou não enxergou o peso de suas escolhas.

Não sustentamos uma vida de culpa; a culpa leva ao desespero, e, diante de Deus, a verdade e os reais culpados aparecem, são expostos não para vergonha, mas para uma consciência livre.

O rei Davi, diante da culpa pelo adultério com Bate-Seba e o homicídio do marido dela, parou, pois é impossível viver uma vida com culpa, uma vez que ela traz dor e amargura ao coração.

> Se confessarmos os nossos pecados, ele é fiel e justo para nos perdoar os pecados e nos purificar de toda injustiça." (1 João 1:9)

Se desejamos ser livres da culpa, precisamos confessar a Deus as áreas em que a sentimos e nos reparar com as pessoas às quais causamos dano.

> ### 3 PASSOS PARA SE LIVRAR DA CULPA
>
> Em sua história, reconheça se você, de fato, é culpado. Ore a Deus para que Ele revele a você o oculto de seu interior e que, caso haja culpa, você possa reconhecê-la.
> Repare os danos. Se houve culpa, houve uma situação de dano. Busque reparo por meio da restauração dos danos causados à vida de outrem. Às vezes, a confissão perante Deus é uma grande reparação.
> Após a confissão, abra o coração para se perdoar. O perdão remove a mancha da culpa.

Em algumas circunstâncias, agimos e reagimos diante da culpa como o rei Davi, que, ao tentar seguir adiante carregando-a consigo, acabou percebendo ser insustentável avançar com ela.

Em geral, ao tentarmos encobrir a culpa e o constrangimento por ela gerado, acabamos "empurrando para debaixo do tapete" tudo aquilo que fizemos; afinal, ficar calado pode parecer uma saída, quando, na realidade, é apenas uma fuga. Então, em um canto de nossa alma, abrigamos a culpa e a deixamos fazer moradia.

O rei Davi passou por isso, eu passo por isso, e talvez você também. Ele, com o passar do tempo, percebeu que para ser verdadeiramente livre era necessário tocar na ferida da alma; era preciso expor a culpa e se arrepender. Tal decisão traria muita dor: a da exposição, a do julgamento e a da rejeição; contudo, todas as dores somadas não se comparavam ao peso da culpa, armazenada no canto da alma.

 A CULPA NOS PERSEGUE, E FUGIR DELA É COMO TENTAR FUGIR DE SI MESMO.

Ao se dar conta do fruto amargo produzido pela culpa de suas escolhas e de suas decisões equivocadas, o rei Davi perdeu a alegria e sentiu-se sujo, esmagado, indigno.

Você já se sentiu perseguido pela culpa de decisões e escolhas passadas? Como ser livre da culpa? Esperança é o antídoto!

> "Porque sou eu que conheço os planos que tenho para vocês", diz o Senhor, "planos de fazê-los prosperar e não de causar dano, planos de dar a vocês esperança e um futuro". (Jeremias 29:11)

Deus tem planos para você!

A psicóloga Edith Eva Eger,[6] no livro *A bailarina de Auschwitz*, diz: "Às vezes a dor nos empurra e às vezes a esperança nos puxa".

A dor da culpa empurrou o rei Davi para um lugar de reprovação e desonra; para o quarto escuro da culpa. Mas Deus nos encontra até nesses lugares, nos vales da alma. Ele vem ao nosso encontro e restaura nossa história.

> Ainda que eu ande por um vale escuro como a morte, não terei medo de nada. Pois tu, ó SENHOR Deus, estás comigo; tu me proteges e me diriges. (Salmos 23:4 NTLH)

Davi sabia que, perante o peso da culpa, poderia encontrar em Deus abrigo e descanso para sua alma; perdão diante do arrependimento e cura para as chagas interiores.

Davi, diante da perseguição da mente, da acusação da alma e do tempo em sofrimento, arrependeu-se e clamou a Deus para ser purificado.

> Cria em mim um coração puro, ó Deus, e renova dentro de mim um espírito estável. Não me expulses da tua presença nem tires de mim o teu Santo Espírito. Devolve-me a alegria da tua salvação e sustenta-me com um espírito pronto a obedecer. (Salmos 51:10-12)

---

6   EGER, Edith Eva. *A bailarina de Auschwitz*. Rio de Janeiro: Sextante, 2019.

DEVOCIONAL

Esse é um dos meus versículos favoritos! Ele me fez entender que:

**A CULPA CEGA, MAS O ARREPENDIMENTO
ABRE A VISÃO E RESTITUI A
ALEGRIA DA SALVAÇÃO.**

Em tantos momentos, Deus falou ao meu coração, trazendo luz à culpa com a verdade, o arrependimento e o perdão. Deus falou ao coração de Davi e fala hoje ao seu coração! Para que seja livre de toda culpa que persegue você e assola sua alma, é preciso abraçar a esperança e trazê-la para bem perto do peito. E que ali, escutando as batidas do seu coração, a culpa possa ouvir: aqui existe VIDA, aqui há ESPERANÇA.

ORAÇÃO FINAL

Pai, és aquele em que posso reclinar minha cabeça no peito e escutar teu coração bater. Envolta em Teu amor, sinto-me livre do fardo da culpa. Arrependo-me das escolhas que fiz e que trouxeram dor a tantas pessoas, incluindo a mim. Peço-te: limpa-me, purifica-me dos meus pecados e me conduz no teu caminho. Livra-me de toda culpa. Avanço contigo para a vida que tens para mim. Quando o inimigo de minha alma vier e lançar palavras de acusação, verá a face do Cristo que habita em mim, e pelo poder do nome de Jesus ele retrocederá, pois já não há mais acusação para aqueles que estão em Cristo Jesus (Romanos 8:1).
Eu sou teu, tu és meu!
Hoje sou livre! Livre de toda culpa!

Assuma sua identidade

E EIS QUE UMA VOZ
DOS CÉUS DIZIA:
ESTE É O MEU FILHO
AMADO, EM QUEM
ME COMPRAZO.

– MATEUS 3:17

DEVOCIONAL

Qual voz tem influenciado você? Qual voz sussurra em seus ouvidos palavras sobre sua identidade?

Não sei quais vozes você tem ouvido nem quais tem permitido influenciar suas decisões e escolhas, mas de uma coisa eu sei: sejam quais forem essas vozes, há apenas uma que valerá por todas, a do que o Pai diz a seu respeito. Essa foi a voz que Jesus ouviu, a voz do Pai que firmou e afirmou Sua identidade, preparando Sua carne para o desafio do deserto, ao qual, em seguida, Jesus foi acometido.

Também somos acometidos por vozes e, de modo pessoal, passamos por desertos em nossa vida. Contudo, assim como Jesus, precisamos estar atentos e saber discernir a voz à qual vamos obedecer, aquela que vamos seguir.

Quero encorajá-lo a escolher uma voz: escolha aquela que vem do céu e abrace o que ela diz a seu respeito.

Jesus sabia que Ele e o Pai eram um. No deserto, Jesus venceu na palavra todos os desafios do inimigo de nossa alma porque era uno com o Pai; porque conhecia Sua identidade de filho amado!

Assuma sua identidade e seja livre de toda ferida de paternidade, de toda comparação e competição.

Livre da frustração

Embora com grande dificuldade eu tenha chegado aqui, não me arrependo dos transtornos que enfrentei para chegar onde estou. Deixo a minha espada àquele que me suceder na peregrinação e minha coragem e perícia a quem possa lográ-los. Carrego minhas marcas e cicatrizes para dar testemunho de que lutei as batalhas Daquele que agora será o meu galardão.

– O peregrino, John Bunyan

Dia 13 de maio é o dia mais celebrado por mim – meu aniversário!

Talvez você seja alguém que não gosta de celebrar o dia do aniversário, ou alguém que ama celebrar essa data. Sou da segunda turma, que ama comemorar o dia em que chegamos a este mundo, em que nossa história começou a ser vivida. Um dos dias que mais celebro na vida é o dia do meu aniversário; celebro com gratidão a Deus o ano que passou e transbordo de expectativas para a nova estação que se inicia.

Em maio de 2022 completei 37 anos, e costumo dizer que são 30 + 7, e vou explicar por que contabilizo minha idade nessa equação.

Eu tinha muitas expectativas para os meus 30 anos; pensei em como seria a festa, quem seriam os convidados, como seria a decoração, quem faria o louvor. Na realidade, seria um culto de gratidão a Deus pela minha vida. O que eu não poderia sequer ousar a imaginar é que essa data seria celebrada de forma bem diferente.

> O coração do homem pode fazer planos, mas a resposta certa dos lábios vem do Senhor. (Provérbios 16:1)

Eu havia feito planos, sonhado, gerado expectativas em relação ao que gostaria que acontecesse, e tudo bem, não há nada errado com isso. Como o versículo nos ensina, esse é nosso "papel", é a parte que nos cabe – planejar, sonhar. Contudo, há a segunda parte do versículo, que tem início com uma condição: mas.

Mas se não acontecer como eu planejara?

Mas se não for do jeito que eu gostaria?

Mas trabalhei tanto por isso... não é justo!

Mas fiz tanto para, agora, tudo acontecer de modo diferente?

Mas... mas... mas a resposta CERTA vem dos lábios do Senhor.

E tudo bem se a resposta Dele for totalmente oposta à nossa vontade.

Tudo bem se não acontecer como eu planejara.

Tudo bem se não for do jeito que eu gostaria.

Tudo bem que trabalhei tanto por isso e não aconteceu como eu esperava.

Tudo bem ter feito tanto e do meu jeito, e agora tudo aconteceu de modo diferente.

Não preciso entender a vontade de Deus. Preciso me lançar e confiar, mesmo sem entender; afinal, Deus não tem que prestar contas a nós do Seu plano para nossa vida, porque a vontade Dele para nós é boa, agradável e perfeita (Romanos 12:2), e para estar tudo verdadeiramente bem diante das frustrações e decepções que vivemos é necessário confiar nos planos Dele sem duvidar, sobretudo quando tudo acontece fora dos nossos planos.

A vontade de Deus sempre será infinitamente melhor que a minha. Ainda que eu não entenda as circunstâncias, é necessário confiar.

Celebrei 30 anos lutando pela vida, fazendo quimioterapia. Mesmo diante da frustração das condições em que eu estava, celebramos! Celebramos a vida! Teve festa, e esta foi repleta de amor, e mais que nunca foi tão importante celebrar. Celebrar o ar que eu respirava, ter meus filhos e meu marido ali, minha família, meus amigos; celebrar mais um dia!

Meu aniversário aconteceu, e foi lindo! Celebrei a vida com alegria, fazendo quimioterapia.

Hoje, talvez, você se sinta frustrado, e sua vida pode não estar do jeito que esperava. Mas acredite: se você confiar em Deus e permanecer em seu amor, você será surpreendido!

Celebro, então, 30 anos + 7 anos = 3.7 – 30 anos do dia em que nasci (13/5/1985) + 7, porque, em 9/2/2015, nasci de novo. Após o diagnóstico oncológico, tive uma segunda chance de lutar pela vida.

Mas e se nada sair como planejei?

Ah, isso não importa mais, porque confio que a vontade do Pai para minha vida será infinitamente melhor. Ele pode fazer todas as coisas, e Seus planos não podem ser frustrados!

> Sei que podes fazer todas as coisas; nenhum dos teus planos pode ser frustrado. (Jó 42:2)

Ser livre da frustração é entender que nossa capacidade de programar e planejar é limitada, mas o que Deus tem preparado para Seus filhos é bom, perfeito, agradável!

Enxergamos o hoje e planejamos o amanhã, sem garantia de absolutamente nada!

> Portanto eu digo: Não se preocupem com sua própria vida, quanto ao que comer ou beber; nem com seu próprio corpo, quanto ao que vestir. Não é a vida mais importante que a comida, e o corpo mais importante que a roupa?
>
> Observem as aves do céu: não semeiam nem colhem nem armazenam em celeiros; contudo, o Pai celestial as alimenta. Não têm vocês muito mais valor do que elas?
>
> Quem de vocês, por mais que se preocupe, pode acrescentar uma hora que seja à sua vida?
>
> Por que vocês se preocupam com roupas? Vejam como crescem os lírios do campo. Eles não trabalham nem tecem.
>
> Contudo, eu digo que nem Salomão, em todo o seu esplendor, vestiu-se como um deles.
>
> Se Deus veste assim a erva do campo, que hoje existe e amanhã é lançada ao fogo, não vestirá muito mais a vocês, homens de pequena fé?
>
> Portanto, não se preocupem, dizendo: "Que vamos comer?" ou "Que vamos beber?" ou "Que vamos vestir?"

> Pois os pagãos é que correm atrás dessas coisas; mas o Pai celestial sabe que vocês precisam delas.
>
> Busquem, pois, em primeiro lugar o Reino de Deus e a sua justiça, e todas essas coisas serão acrescentadas a vocês.
>
> Portanto, não se preocupem com o amanhã, pois o amanhã trará as suas próprias preocupações. Basta a cada dia o seu próprio mal. (Mateus 6:25-34)

Frustramo-nos quando criamos expectativas pautadas em nossas necessidades ou naquilo que consideramos ser bom, mas Deus tem algo melhor, tem o excelente, então seja livre da frustração, deposite suas expectativas Nele e certamente jamais se frustrará.

A identidade de filha de Deus me livra da frustração porque deposito Nele minhas expectativas e sei que assim jamais serei frustrada!

O antídoto para a frustração é perceber em quem ou em que você tem depositado suas expectativas.

Por depositarmos nossas expectativas em pessoas, quando nos frustramos com elas, queremos abandonar o barco e desistir do propósito, da vida. Frustação traz desilusão; deixamos de confiar nas pessoas.

A frustração é um sentimento que, se não for tratado, acarreta raiva, baixa autoestima, falta de autoconfiança e tantos outros sentimentos e emoções que paralisam a vida de qualquer pessoa.

A frustração abate a alma e adoece o coração.

PARA SERMOS LIVRE DA FRUSTRAÇÃO, PRECISAMOS APRENDER A:

- depositar nossas expectativas em Deus, não em pessoas (Isaías 49:23);
- alegrar-nos sempre, inclusive quando nos sentirmos frustrados por insultos e perseguições por amor a Cristo (Mateus 5:11-12);
- andar em lugares altos, para termos a perspectiva do Alto (Isaías 57:15);
- perdoar quantas vezes for necessário (Mateus 18:21-22).

Oro para que seu coração seja livre de toda frustração, e que os quatro passos apresentados possam trazer ao seu coração a esperança de que em Deus e em Sua palavra somos livres de toda frustração, porque depositamos nossas expectativas Nele e habitamos em lugares altos, em Deus!

ORAÇÃO FINAL

Pai, decido hoje ser livre da frustração porque abdico de depositar minhas expectativas no homem e naquilo que ele pode fazer. Decido confiar e descansar em Ti, sabendo que não preciso me preocupar com minha vida porque o Senhor cuida de tudo de que preciso! Sou livre da frustração porque vivo por fé; busco Teu Reino e Tua justiça em minhas causas e petições. Sei que as expectativas frustradas podem levar minha alma a se abater, mas declaro um alinhamento do meu ser para esperar e confiar em Ti; para descansar sabendo que o Senhor dá aos Seus enquanto dormem.

Seguirei sonhando e planejando, mas submetendo todos os meus planos e sonhos à Tua boa, perfeita e agradável vontade para mim.

Eu te amo, Jesus! Amém!

DEVOCIONAL

Livre da comparação

Raça de víboras, como podem vocês, que são maus, dizer coisas boas?
Pois a boca fala do que está cheio o coração.
– Mateus 12:34

Certa vez, durante a pandemia de covid-19, escutei uma ministração do pastor Luiz Hermínio, em que ele discorria sobre a diferença entre afronta e confronto. De forma resumida, ele explicava que, quando somos confrontados por Deus, crescemos, mas que afronta é desrespeito. Posso me lembrar de sua voz meio rouca dizendo:

– Ahhh, a afronta traz o desrespeito!

Isso soou tão forte aos meus ouvidos! Percebi que eu não sabia a diferença entre afronta e confronto, mas de uma coisa sabia: eu não gostava nem de uma nem do outro.

Passei um tempo citando em minhas conversas essas palavras do pastor Luiz Hermínio, mas apenas um tempo depois pude experimentá-las. E não pense que gostei de passar pela escola do confronto e da afronta; contudo, entendi ser isso extremamente necessário, pois, se desejamos caminhar com Jesus, muitas portas se abrirão diante de nós, e somos livres para escolher avançar para o próximo nível ou parar onde estamos, ao deixarmos a raiz da ofensa produzida pela afronta nos paralisar.

Talvez, assim como quando vivenciei uma situação de ofensa, você também desconheça o que quer dizer confrontar e afrontar. Vale a pena entender o significado de cada um desses termos.

→ Confrontar: estabelecer comparação destacando as semelhanças e diferenças entre duas ou mais coisas; comparar, cotejar. Por exemplo, confrontar preços antes de comprar; confrontar a cópia com o original.[7]

---

[7] https://www.dicio.com.br/confrontar/

➡ Afrontar: ofensa lançada contra uma pessoa, ou grupo de pessoas, em sua presença ou em público; pode ser um insulto, ultraje.[8]

Agora, quero ilustrar com exemplos da Bíblia como podemos entender as ações de confronto (que nos fazem crescer) e de afronta (que podem gerar ofensa).

Em 2 Samuel 12:1-15, o profeta Natã é enviado por Deus para repreender Davi. A repreensão pode ser compreendida como uma ação de advertência, e de aconselhamento com veemência (intenso), e que muitas vezes traz um confronto pessoal, ou seja, confrontar a consciência de Davi, mediante o pecado que cometera, o homicídio de Urias (marido de Bate-Seba). O profeta Natã já fora usado por Deus para falar com o rei Davi (2 Samuel 7:8-17), confirmando sua aliança pela promessa de que o trono dele seria firme para sempre; contudo, as escolhas do rei abriram espaço para uma nova visita do profeta, a qual, dessa vez, não era para falar das promessas de Deus, mas, sim, repreender a recente atitude de Davi. Então, o profeta Natã ilustra a situação por meio de uma parábola que comparava a cobiça à atitude que levou o rei Davi a pecar.

A comparação nos paralisa, e, se nossos olhos não forem abertos pelo confronto, certamente viveremos uma vida de prisão na comparação.

O confronto do profeta abriu os olhos do rei para a cobiça que estava em seu coração. Davi poderia ter qualquer mulher do reinado, mas sua escolha foi pautada na emoção e no desejo de cobiçar aquilo que não poderia ter. De acordo com Êxodo 20:17, o décimo mandamento é: "Não cobiçarás a casa do teu próximo; não cobiçarás a mulher do teu próximo, nem o seu servo, nem a sua serva, nem o seu boi, nem o seu jumento, nem coisa alguma do teu próximo".

Então, esse mandamento (segundo comentário bíblico – Bíblia de estudo Hollman) diz respeito à origem dos atos maus, que incluem o homicídio, o adultério e o furto. Davi não só enviou Urias para morrer na guerra como também cometeu adultério. Quando o profeta enviado por Deus para confrontar Davi compartilha a história de um homem rico que agiu de

---

[8] https://www.dicio.com.br/confrontar/

maneira inconcebível acerca da hospitalidade, Davi fica irado e quer "justiça", mas estava cego pelo pecado e diante da verdade não enxergava que agira conforme o rico mencionado na história narrada pelo profeta. (2 Samuel 12:1-7)

Quando a palavra de Deus chega até Davi, por intermédio da vida do profeta Natã, é para confrontá-lo com a verdade, para que Davi pudesse sondar seu coração e cair em si diante de sua postura. Da mesma forma, Deus suscita pessoas a nos confrontar com a verdade, para nos permitir sondar nosso coração e nossas motivações.

> Sonda-me, ó Deus, e conhece o meu coração; prova-me e conhece os meus pensamentos. E vê se há em mim algum caminho mau e guia-me pelo caminho eterno. (Salmos 139:23-24)

Deus nos confronta com a verdade para nos fazer crescer, pois se confronta a quem se ama, a quem se quer bem. Não fuja de ser confrontado por Deus; examine seu coração diante das escolhas que tem feito e lembre-se: o confronto nos faz crescer!

> Não repreendas o escarnecedor, para que não te odeie; repreende o sábio, e ele te amará. (Provérbios 9:8)
>
> Quem repreende o próximo obterá por fim mais favor do que aquele que só sabe bajular. (Provérbios 28:23)

Após ser confrontado pelo profeta Natã, o rei Davi reconhece seu pecado (2 Samuel 12:13), arrepende-se e arca com o prejuízo de suas escolhas equivocadas.

Posso me lembrar das vezes que fui confrontada por não vigiar e guardar meu coração em Deus e de quão constrangedor é quando pecamos e, antes de sermos confrontados pelo homem, somos incomodados pelo Espírito Santo de Deus.

Esse desconforto é uma bênção, porque nos protege da cegueira do pecado, e o confronto clarifica nossas atitudes, nossos sentimentos e nossas motivações diárias.

Penso que o confronto é a antessala da afronta. Porque, se confrontados, podemos decidir agir como Davi, que acolheu a repreensão do profeta, arrependeu-se e voltou-se para Deus, lançando fora as sementes da ofensa que poderia trazer no coração.

Já pensou se Davi dissesse: "Ah, não vou escutar o profeta Natã! Que bobagem essa!"? Por certo, estaria cego pelo pecado, mas, por ser um homem de Deus, agiu com humildade e arrependimento. Submetendo-se a Deus, não permitiu que a ofensa entrasse em seu coração. O temor do Senhor guardava o coração de Davi.

> O temor do Senhor é o princípio da sabedoria, e o conhecimento do Santo é entendimento. (Provérbios 9:10)

> QUANDO GUARDAMOS O CORAÇÃO EM DEUS, NOS PROPONDO, O TEMPO TODO, A CULTIVAR O JARDIM DE NOSSA ALMA EM SUA PRESENÇA, IMPEDIMOS QUE A SEMENTE DA OFENSA LANÇADA PELO INIMIGO HABITE O SOLO DO NOSSO CORAÇÃO.

Sempre que somos confrontados, recebemos de Deus uma oportunidade de sermos transparentes conosco e com nossos sentimentos e de desenvolvermos o crescimento pessoal tanto de quem confronta quanto de quem é confrontado.

> Os ouvidos que atendem à repreensão da vida farão a sua morada no meio dos sábios. (Provérbios 15:31)

No entanto, o que fazer quando não agimos assim e deixamos a semente da ofensa encontrar espaço em nosso coração?

Como lidar com a ofensa produzida pela afronta?

No início deste capítulo, mencionei Mateus 12:34: "Raça de víboras, como podem vocês, que são maus, dizer coisas boas? Pois a boca fala do que está cheio o coração".

Quando a ofensa cria raízes em nosso coração, por não admitirmos o confronto, cedemos espaço à ofensa produzida pela afronta.

Como mencionado antes, "afronta é uma ofensa lançada contra uma pessoa, ou grupo de pessoas, em sua presença ou em público; pode ser um insulto, ultraje".

Mas como ser livre da ofensa?

Quero compartilhar uma experiência pessoal relacionada à ofensa. Foi quando a conheci e aprendi a lidar com ela. Foi um grande deserto, mas também uma bela escola, onde a dor e as lágrimas geradas por ela me fizeram crescer e desenvolver uma mentalidade de maturidade.

 SÓ SOMOS LIVRES DA OFENSA QUANDO TRATAMOS NOSSO CORAÇÃO COM DEUS.

Provérbios 4:23 é um dos meus versículos preferidos: "Sobre tudo o que se deve guardar, guarda o teu coração, porque dele procedem as fontes da vida".

Quando nossos desejos e nossas vontades estão alinhados ao propósito de Deus, é fácil perceber a ofensa e lançá-la para longe do coração. Mas, quando não aceitamos o confronto, permanecemos na comparação e paralisamos nossa vida.

Sabe quando tudo se trata do outro e você nunca está errado?

Em uma época de minha vida, eu estava passando por uma transição enorme na igreja em que era membro. Servia com amor, mas ultrapassara quase oito departamentos, nos quais era humanamente impossível permanecer sendo excelente. Então, em todo esse ativismo, me perdi na motivação do que era ser voluntária e do porquê de estar ali.

Foi aí que percebi que, além do exagero de departamentos nos quais servia, meu coração não se alegrava mais em estar servindo ali.

Talvez você se identifique com minha pequena lista de percepções sobre a alma doentia que eu alimentava:

- O voluntariado tornara-se um peso.
- Não havia mais alegria em servir.
- Eu buscava achar culpa em tudo e em todos para minha insatisfação.
- Eu reclamava de muitas coisas que antes não me incomodavam.
- O amor esfriou e abriu espaço para a comparação, na qual meu ponto de vista era sempre o certo.
- Necessidade absurda do reconhecimento dos outros.

Enfim, posso citar tantas coisas e sentimentos que experimentei nessa estação na qual a ofensa crescia no meu coração. E olhe que eu queria sempre ter razão, mas jamais reconhecer que estava aceitando aquela condição.

Tudo começa de forma leve e sutil, e, quando não somos transparentes conosco, é impossível sermos transparentes com nossos líderes e as demais pessoas.

Foi um tempo muito difícil, mas necessário, para meu amadurecimento.

Para sermos livre da ofensa, precisamos reconhecer as necessidades por trás dos nossos sentimentos.

No livro *Comunicação não violenta*, Marshall Rosenberg menciona: "o que os outros dizem e fazem pode ser o estímulo, mas nunca a causa, de nossos sentimentos. Quando alguém se comunica de forma negativa, temos quatro opções de receber a mensagem: 1. culpar a nós mesmos; 2. culpar os outros; 3. perceber nossos próprios sentimentos e necessidades; 4.

perceber os sentimentos e necessidades escondidos por trás da mensagem negativa da outra pessoa".[9]

Eu precisava entender que todas as situações eram estímulos que alimentavam sentimentos tão adversos em meu coração, como a comparação; na situação em que me encontrava, não me alegrava mais com as conquistas nem nada era suficientemente bom... eu já nem me reconhecia mais.

Foi aí que, cansada dessa circunstância, orei e comecei a tomar algumas decisões para aliviar a alma e ser honesta comigo mesma e verdadeira com as pessoas com as quais convivia.

Listei os departamentos nos quais era voluntária e percebi que precisava ser intencional no meu servir; então, entreguei aqueles que não se alinhavam mais com o propósito de Deus para minha vida.

Eu percebera que o ativismo entrara no meu coração e, quando me dei conta disso, foi difícil admitir, mas precisei deixar para trás muitas coisas que já não faziam mais sentido, para continuar em frente.

Eu me perguntei: qual é o meu papel nesta história?

Cada um de nós tem um papel a desempenhar, e, quando nos comparamos, tornamo-nos escravos, paramos de avançar e ficamos presos na areia movediça da comparação. E, na maioria das vezes, deixamos de ser autênticos.

Deus é criativo; Ele nos dotou de autenticidade. Ponha uma coisa na cabeça: ninguém faz o que você faz igual a você! A satisfação na autenticidade, em ser quem você é, libera a criatividade, e você flui de forma natural e leve!

Nesse processo, muitas lágrimas rolaram. Nesta leitura, talvez você tenha se identificado em alguns pontos. Anote-os, ore, pense e reflita sobre cada um deles; ao final, passe pelo confronto de Deus e de pessoas nas quais você confia.

---

[9] ROSENBERG. Marshall B. *Comunicação não violenta*: técnicas para aprimorar relacionamentos pessoais e profissionais, pág. 95. São Paulo: Ágora, 2021.

> Não havendo sábios conselhos, o povo cai, mas na multidão de conselhos há segurança. (Provérbios 4:11)

Algumas versões de Provérbios 4:11 dizem que "há sabedoria".

Foi então que decidi seguir em frente, ser livre da comparação, limpar meu coração da ofensa e reorganizar minhas prioridades.

Alguns meses se passaram, e depois de orar, de me aconselhar, Deus foi agindo em minha vida em doses homeopáticas, de gotinha em gotinha. E a gotinha seguinte chegou.

Estava em um culto, e, na hora da adoração, o louvor ministrado e uma atmosfera da presença de Deus encheram aquele lugar. Comecei a ouvir o Espírito Santo falar tantas coisas ao meu coração, mas, desta vez, não eram coisas lindas... eu estava me sentindo, talvez, como o rei Davi diante do profeta Natã, quando seu pecado foi demonstrado.

Por meio de uma visão espiritual, vi meu coração em formato de um vaso de barro. Ele era posto de lado, com a abertura superior em contato com o chão, e de dentro dele saíam várias cobras. Esses pequenos répteis se arrastavam, até que muitos se posicionaram ao meu redor, todos pretos e lisos, e, de repente, me vi cercada deles, mas eu estava sobre uma pedra. Neste momento, me veio a passagem de Mateus 12:34:

> Raça de víboras, como podem vocês, que são maus, dizer coisas boas? Pois a boca fala do que está cheio o coração.

Percebi que a ofensa estava me fazendo tropeçar, como um grande obstáculo à minha frente, impedindo-me de avançar na edificação de tudo que Deus estava construindo em minha vida.

> E sabemos que todas as coisas contribuem juntamente para o bem daqueles que amam a Deus, daqueles que são chamados segundo o seu propósito. (Romanos 8:28)

Ao ter essa visão, fiquei muito constrangida; era inadmissível isso estar em mim, meu coração estar repleto de víboras. Como isso poderia contribuir para meu propósito?

Envergonhada, ajoelhei-me e clamei a Deus falando-Lhe como me sentia, que queria ser livre de toda raiz de ofensa que brotara em meu coração.

> Porque não há nada oculto que não venha a ser revelado, e nada escondido que não venha a ser conhecido e trazido à luz. (Lucas 8:17)

Deus cura nosso interior à medida que revelamos a Ele o que Dele tentamos esconder.

É impossível esconder algo de Deus. E Davi bem que tentou.

> Se subir ao céu, lá tu estás; se fizer no inferno a minha cama, eis que tu ali estás também. Se tomar as asas da alva, se habitar nas extremidades do mar, até ali a tua mão me guiará e a tua destra me susterá. (Salmos 139:8-10)

Foi aí que percebi: preciso sair da ofensa e liberar o perdão para aliviar minha alma.

Depois que me dei conta do estrago que a raiz de amargura fizera, percebi que precisava abraçar os princípios que me permitiriam ser livre da comparação, acolher os confrontos e extirpar as raízes da ofensa do meu coração.

- Princípio da transparência: seja transparente com seus sentimentos, sobretudo com aqueles que você nutre em relação às pessoas que considera ofensores.

Olhar para dentro de si e ver seu coração como um vaso repleto de víboras levará você a murmurar, pois a boca fala do que está cheio o coração. Então, seja transparente com seus sentimentos e peça a Deus que intervenha em seu interior, limpando-o.

Após confessar meus pecados diante de Deus e clamar por um renovo, recebi a revelação da visão que tive. A rocha sobre a qual eu estava firmada e que as cobras não podiam atingir era Jesus.

> Ele me tirou de um poço de destruição, de um atoleiro de lama; pôs os meus pés sobre uma rocha e firmou-me num local seguro. (Salmos 40:2)

Após ter o coração livre da ofensa, percebi que estava com os pés firmados Nele, minha rocha inabalável. E o vaso se reergueu, e um azeite novo e brilhante como ouro foi sendo derramado dentro dele. Óleo novo, alívio ao coração.

- Princípio dos frutos: os frutos revelam onde a árvore está enraizada.

Joyce Meyer, no livro *A raiz da rejeição*, diz: "O fruto em nossa vida tem origem onde estivermos enraizados".[10]

> Porque será como a árvore plantada junto às águas, que estende as suas raízes para o ribeiro, e não receia quando vem o calor, mas a sua folha fica verde; e no ano de sequidão não se afadiga, nem deixa de dar fruto. (Jeremias 17:8)

- Princípio da verdade: guarde seu coração na palavra de Deus.

Escondi a tua palavra no meu coração, para eu não pecar contra ti. (Salmos 119:11)

---

[10] MEYER, Joyce. *A raiz da rejeição*: escapando da escravidão da rejeição e experimentando a liberdade da aceitação de Deus, pág. 5. Belo Horizonte: Bello Publicações, 2009.

DEVOCIONAL

➤ Princípio da submissão: a submissão é um remédio que aplaca grandes ofensas.

> O coração do sábio está à sua direita, mas o coração do tolo está à sua esquerda. E, até quando o tolo vai pelo caminho, falta-lhe o seu entendimento e diz a todos que é tolo. Levantando-se contra ti o espírito do governador, não deixes o teu lugar, porque a submissão é um remédio que aplaca grandes ofensas. (Eclesiastes 10:2-4)

O espírito do governador supracitado traz um descontentamento. Lembro-me dos conselhos que recebi de minha mãe nessa época. Em uma videochamada (ela mora em São Paulo, e eu, no Piauí), eu disse a ela que não sentia mais alegria, ou seja, o descontentamento estava em mim, e ela, em sua sabedoria, respondeu:

– Filha, tudo bem sentir tristeza. Mas, se ela rouba sua alegria, lembre-se: é o inimigo roubando de você quem você é, uma menina alegre. Não o deixe roubar isso de você!

Uau! Era a mais pura verdade! O diabo veio para roubar, matar e destruir (João 10:10). Não permita que ele roube sua alegria! Isto é, permaneça firme no lugar onde Deus o colocar e não permita ao inimigo roubar sua alegria, porque assim ele também matará sua força.

> A alegria do Senhor é a vossa força. (Neemias 8:10)

➤ Princípio da lealdade: ser leal firma-o na rocha.

> Tendo cuidado de que ninguém se prive da graça de Deus, e de que nenhuma raiz de amargura, brotando, vos perturbe, e por ela muitos se contaminem. (Hebreus 12:15)

Algumas linhas antes, falei da visão que Deus me dera, em que estava firmada na rocha diante das víboras. Pois bem, lealdade tem a ver com fidelidade aos compromissos assumidos. Quando permanecemos em submissão a Deus e nos mantemos fiéis aos compromissos que assumimos em Sua palavra, somos firmados na rocha, e a lealdade nos protege!

Em Atos 24:5, o apóstolo Paulo está perante o tribunal do governador Félix sendo acusado por Tértulo e pelos líderes religiosos de ser uma peste que promove perturbação à ordem pública. Contudo, para cada acusação que recebe, Paulo apresenta boas-novas.

> E, por isso, procuro sempre ter uma consciência sem ofensa, tanto para com Deus como para com os homens. (Atos 24:16)

O que você tem apresentado diante das ofensas recebidas?

Em conversa com uma amiga que presta auxílio a moradores em situação de rua, ela me disse que, certa vez, na semana do Natal, foi pregar sobre Jesus, com um grupo de voluntários, em uma praça repleta de mendigos. Após um tempo de oração e distribuição de alimentos, descobriu-se que muitos moradores em situação de rua eram cristãos, mas estavam ali desviados dos caminhos de Deus. Foi aí que três homens se aproximaram dela, escutaram a mensagem de Deus e se reconciliaram com Ele. Os homens foram encaminhados a uma casa de acolhimento a moradores em situação de rua e lá permaneceram por noventa dias. Após esse período, na primeira saída da casa, foram levados a um restaurante para almoçar. Eles se sentiram tão felizes e honrados! Foi então que um deles ligou para minha amiga, agradecendo por tudo que ela e o grupo de voluntários haviam feito por eles. Ao final da ligação, ele disse: "O que me levou para a rua e me fez comer lixo foi a ofensa".

Quando a ofensa entra em nosso coração, aceitamos nos alimentar de lixo.

Deus o convidou para assentar à mesa do banquete. Não despreze o convite de seu Pai! Seja livre da ofensa!

DEVOCIONAL

ORAÇÃO FINAL

Pai, hoje desejo extirpar do meu coração as raízes da ofensa. Abraço a cura no meu coração e deixo o solo limpo para o Senhor ali habitar e semear Seu amor. Em nome de Jesus eu declaro: sou livre da comparação, sou livre da ofensa. Em nome de Jesus, a Ti oro e agradeço. Amém!

LIVRE DA COMPETIÇÃO

*Não há nada como regressar a um lugar que está igual
para descobrir o quanto a gente mudou.*
– NELSON MANDELA

Tenho dois filhos, Heitor e Rafael. A diferença de idade entre eles é de dois anos e seis meses. Para mim, essa diferença é pouca, pois apenas quando Heitor completou 2 anos começou a dormir a noite inteira. Estava grávida do Rafael quando percebi que as noites de sono completas, sem fazer mamadeira, demorariam mais alguns anos para acontecer, o que, para mim, era desesperador, pois amo dormir!

A gestação passou, Rafael nasceu, e, com seu nascimento, novas experiências de vida emergiram. As noites eram mais tranquilas; ele era um bebê bem diferente do Heitor, assim eu pensava. Até que descobri que o fato não era apenas ele ser um bebê diferente, claro! Ele era outra pessoa, outro ser humano, e, embora as pessoas possam se parecer, cada uma carrega em si sua singularidade, seu jeito de ser.

Assim como a singularidade dos meus bebês foi percebida, o mesmo aconteceu com minha maturidade na nova experiência materna. Eu estava comparando a Amanda mãe do Heitor com a Amanda mãe do Rafael e esquecendo que, embora as circunstâncias fossem diferentes, as duas Amandas não eram divididas, eram uma só: A AMANDA, mãe do Heitor e do Rafael.

Uma Amanda não competia com a outra, ou seja, eu não seria uma mãe melhor hoje do que fora antes; as duas Amandas eram a mesma pessoa, elas se complementavam – as duas Amandas são EU!

Eu não tinha como separar o crescimento adquirido com a experiência vivida na primeira gestação com a experiência vivida na segunda. O que eu ainda não havia entendido era que não estava competindo comigo mesma, e que as frustrações da primeira experiência gestacional foram oportunidades, como degraus escalados para desenvolver maturidade e muito aprendizado para uma nova experiência. Não era uma competição, mas, sim, um processo de aprendizagem e ressignificação.

Como disse o psicólogo estadunidense Carl Rogers: "Nenhuma ideia criada por outra pessoa ou por mim tem tanta autoridade quanto a minha experiência".

Nossas experiências de vida nos tornam seres únicos, capazes de aprender, crescer e se desenvolver, sendo protagonistas de nossa própria história. Acontece que, em um mundo de "alto desempenho" e de "o bem-sucedido é aquele que mais produz e mais entrega resultados", acabamos vivendo a frenética vida de produzir, gerar resultados e competir.

Em um nível elevado de cansaço e exaustão, sobrecarregada com frustrações pessoais, descobri que estava vivendo uma autocompetição, tentando ser mais vitoriosa hoje e olhando a Amanda do passado com desprezo, como se tudo que ela tivesse feito não tivesse tido enormes contribuições para quem me tornei hoje.

Pare de competir consigo mesmo! Você não é seu adversário, você é você – vitorioso, com trajetória de erros, acertos e aperfeiçoamento.

Acolha o desconforto e reflita! Em algumas situações, o desconforto é positivo. É o sinal de que você cresceu e não cabe mais ali.

O desconforto aparente requer respostas rápidas, mas o desconforto da alma vai exigir maturidade para reconhecê-lo e amor-próprio para se posicionar.

Ah, quão bom seria se aprendêssemos com as crianças.

> Então disse Jesus: "Deixem vir a mim as crianças e não as impeçam; pois o Reino dos céus pertence aos que são semelhantes a elas". (Mateus 19:14)

Aprendi que a semelhança está relacionada à pureza de agir da criança, na essência de seu comportamento.

Meu filho Rafael, como todo irmão caçula, herda algumas peças de roupa e calçado do irmão mais velho. Certa vez, lembro-me de que acabara de presenteá-lo com um novo calçado que ele usaria em um casamento em que eu e meu marido seríamos padrinhos. Eu, Heitor e Rafael fomos ao shopping, compramos suas roupas, seus calçados, e cada um ganhou de presente o *look* completo. Fiquei espantada quando pedi ao vendedor o calçado para Rafael experimentar.

Ao ouvir Heitor pedir um calçado número 35, Rafael pediu um calçado do mesmo número. Não entendi o pedido, e, embora goste de comprar os calçados um pouco maior, pois os meninos os perdem rápido, me espantei com a solicitação do Rafael e não acatei seu pedido, mas também não me atentei para a razão de sua escolha.

Em casa, os meninos achando o máximo calçarem números de sapato de adultos, eles sempre dizem:

– Olha, mamãe, como já estou grande! Já calço quase igual a você e ao papai.

De qualquer forma, na loja, pedi o sapato do Rafael um número menor que o do Heitor. Os calçados chegaram, eles os provaram, tudo resolvido.

No dia seguinte, quando ambos se trocavam para ir ao casamento, a confusão começou. Rafael pegou o sapato do Heitor; não queria usar o seu. Insisti e expliquei a ele que o calçado do irmão estava enorme, saindo do pé, e que ele tinha o calçado dele, apropriado para seu pé. Rafael chorou e, após uma ordem direta minha, calçou o próprio sapato novo.

Após a cerimônia, na festa de casamento, percebi que Rafael estava descalço, correndo em meio às pessoas. Fui até ele zangada:

– Meu filho, onde está seu sapato?

– Ali, mãe! – ele respondeu, apontando para um cantinho, pulando feliz.

Desisti de competir com ele, com minha vontade e com o que eu achava que era o que ele deveria fazer. Sabe por quê? Porque, apesar de o sapato estar no número apropriado, ele se sentia desconfortável com o modelo, que apertava o peito do pé, pois o sapato tinha uma meia interna que servia para "acomodar" melhor o pé. Entendi que o que eu considerava ser bom para ele trazia desconforto e dor, e ele, autêntico como é, tirou os sapatos e foi ser feliz.

Aprendi com isso que o desconforto pode ser um bom sinal. É necessário refletir e descobrir por que algo está incomodando.

Onde está a liberdade de calçar o sapato e avançar na jornada, sendo adequada com o que se sente e permitindo-se ser livre?

Meu filho gosta de calçados mais folgados, porque nada que o aperta o mantém.

O desconforto do calçado me fez entender que, para ser livre da competição, é necessário:

1. acolher minhas imperfeições sem julgamento, com o olhar empático e compreensivo;
2. ser autêntica na construção da minha história e me livrar dos calçados apertados que trazem dor e desconforto, não me permitindo ser quem sou;
3. ser a protagonista da minha história e desfrutar da construção pessoal da Amanda que sou hoje, sendo grata aos processos da minha trajetória.

Ser semelhante a uma criança é ser autêntico na essência e livre de competição. A competição doentia rouba a satisfação pessoal. Temos a sensação de não ter feito o que precisava ser feito.

Decidi ser livre da competição, deixar meus pés livres, com calçados que não me ferem, mas apoiam meus passos na jornada da vida, com satisfação e alegria em ser quem sou.

A competição não é com o outro nem comigo mesmo, porque viver não é competir para provar seu valor ou quão bom você é; ser livre da competição é encontrar satisfação em ser quem você é!

ORAÇÃO FINAL

Pai, em nome de Jesus, oro para que minha vida não seja uma competição. Que eu encontre em Ti plena satisfação. Que me alegre na construção da minha vida, acolhendo meus processos internos com amor e resignação.

Hoje declaro: sou livre da competição; sou livre dos calçados apertados que acatei, que ferem meus pés e me impedem de avançar rumo ao meu levantar, ao meu eu! Senhor, peço-Te ajuda nessa construção. Restitua-me a alegria na salvação, na liberdade, na autenticidade de ser quem sou, de me amar e me aceitar, de ser livre para viver o propósito que tens para mim.

Encontre seu propósito

SABEMOS QUE DEUS AGE EM TODAS AS COISAS PARA O BEM DAQUELES QUE O AMAM, DOS QUE FORAM CHAMADOS DE ACORDO COM O SEU PROPÓSITO.

– ROMANOS 8:28

DEVOCIONAL

Há quem diga que o propósito desta vida é ser feliz. Concordo e discordo.

Concordo porque acredito, de fato, que a vida é uma dádiva, por isso é preciso desfrutar dela com felicidade. Mas discordo de que ser feliz seja nosso único propósito. Para mim, o propósito é algo muito maior que ser feliz; é um convite de Jesus a cada um de nós.

Encontrar o propósito é encontrar Jesus, e, para isso, é necessário romper com mentalidades prisioneiras que nos impedem de avançar rumo ao destino que Ele preparou a cada um de nós!

Certa vez, cansada de tentar repetidas vezes encontrar o propósito de Deus para mim, eu estava prestes a desistir. Até que me dei conta de que, sim, era isso que eu deveria fazer: desistir! Desistir de continuar a fazer tudo pela força do meu braço, do meu jeito, e simplesmente entregar a Deus minha vida e meus passos.

Às vezes, queremos fazer tanto para sermos aceitos, para acharmos que estamos no propósito, quando, na realidade, Jesus nos ensina:

> Vinde a mim todos vós que estais cansados e fatigados sob o peso dos vossos fardos, e eu vos darei descanso. Tomai sobre vós o meu jugo e aprendei de mim, porque sou manso e humilde de coração, e vós encontrareis descanso. Pois o meu jugo é suave e o meu fardo é leve. (Mateus 11:28-30)

Enquanto digito essas palavras, lágrimas me descem pelo rosto.

Ah, como demorei para entender que viver o propósito de Deus não é morrer de trabalhar, de servir e se perder na motivação de fazer o que quer que seja para ser aceita. Uma das maiores crises existenciais que vivenciei foi quando abri mão de uma liderança na igreja em que servia, sob a direção de Deus, para investir tempo no maior de todos os ministérios: minha família. Deus confiou a mim filhos, um marido, uma família, e esse é meu maior ministério.

Eu me perdi na ânsia de ser aceita; agi em tantos momentos servindo à comunidade, à igreja, sem entender mais qual era minha motivação.

Quando os papéis se confundem e a lista de prioridade saudável se inverte, é hora de parar.

Pare tudo e, como flecha, retroceda no arco nas mãos de Deus, para que Ele alinhe sua trajetória e você possa alcançar o alvo que Ele tem para você!

É um desafio, uma grande mudança, mas que lhe trará vida e o alinhará ao propósito de Deus!

Minha oração por sua vida é que você seja alinhado, abdicando das bagagens do passado, rompendo as estacas emocionais e, como flecha nas mãos do Criador, cumpra Seu chamado, sendo livre, totalmente livre em Deus!

DEVOCIONAL

LIVRE DA FALTA DE PROPÓSITO

*"As provações não vêm para destruir você, mas
para promovê-lo ao seu propósito."*
FLAVIA ARRAIS

5 Em amor nos predestinou para sermos adotados como filhos,
por meio de Jesus Cristo, conforme o bom propósito da sua
vontade,

6 para o louvor da sua gloriosa graça, a qual nos deu gratuita-
mente no Amado.

7 Nele temos a redenção por meio de seu sangue, o perdão dos
pecados, de acordo com as riquezas da graça de Deus,

Efésios 1:5-7

https://www.bibliaon.com/versiculo/efesios_1_5-7/

Há uma história que relata um fato que aconteceu com um grande
capitão de navio, durante a guerra. O conceituado capitão estava em sua
embarcação, no meio do oceano, contemplando o pôr do sol. Alguns instantes depois, ao descer para jantar, recebeu a visita de um marinheiro,
que chegou até ele bem agoniado e disse:

– Capitão, a quilômetros de distância à nossa frente há uma luz.

O capitão perguntou ao marinheiro:

– Essa luz está parada ou se movendo?

– Está parada, capitão!

– Veja bem, você vai enviar uma mensagem à embarcação dizendo
que ela está em rota de colisão e que, portanto, precisa alterar seu curso
em 20 graus.

O marinheiro saiu em disparada para enviar a mensagem, e a resposta
que recebeu de volta do local de origem da luz, alguns momentos depois, foi:

– Você deve mudar seu curso em 20 graus.

O marinheiro repassou a informação ao capitão, o qual respondeu:

– Veja bem, você vai enviar uma mensagem à embarcação dizendo que ela está em rota de colisão e que, portanto, precisa alterar seu curso em 20 graus.

O marinheiro saiu novamente em disparada para enviar a mensagem, e a resposta que recebeu, alguns instantes depois, foi:

– É aconselhável que você altere seu curso em 20 graus.

Então o capitão se sentiu ofendido, achando que não estava sendo respeitado perante seus subalternos.

Furioso, ele ordenou ao marinheiro que enviasse outra mensagem dizendo:

– Somos um navio de guerra encouraçado, de 35 mil toneladas. Mude seu curso em 20 graus!!!

E a resposta que obteve foi:

– Magnífico, senhor! Mude o senhor seu curso em 20 graus.

Então, com o rosto vermelho de raiva, o capitão gritou:

– Somos da capitania do almirante *sir* William. Mude seu curso em 20 graus, agora!!!

De repente, o silêncio tomou conta do lugar, e antes que o marinheiro começasse a retrucar recebeu a última resposta vinda da luz:

– Somos um farol, senhor. Não temos como alterar a rota. Por favor, mude o senhor sua rota em 20 graus.

Na jornada da vida, muitas vezes, precisamos alterar a rota, para que não venhamos a colidir e a naufragar. Podemos organizar e planejar a rota, mas não sabemos o que virá adiante; afinal, a vida é um presente diário que nos surpreende de várias maneiras.

Precisamos entender mais que nunca que, mesmo sabendo da rota, o caminho para nosso destino é somente um: JESUS.

> Disse-lhe Jesus: Eu sou o caminho, e a verdade e a vida; ninguém vem ao Pai senão por mim. (João 14:6)

DEVOCIONAL

JESUS é o caminho, a verdade e a vida. É Ele quem governa sobre nós! Ele é o farol em nossa vida. E você sabe qual é a função do farol?

A função do farol é iluminar; o propósito do farol é auxiliar na navegação. Ele indica às embarcações a proximidade de locais perigosos, da costa ou de um porto. Por isso, além de ser alto, ele emite uma luz forte de sua torre, que pode ser vista a quilômetros de distância.

Existe um farol em nossa vida.

Existe um farol que é luz em meio às trevas.

Existe um farol que é a resposta para um dia ruim.

Existe um farol que ilumina as áreas escuras de nossa vida e nos ajuda a perseverar e a navegar em meio às adversidades.

Esse farol é Jesus, e por intermédio de Sua palavra somos encorajados a ser repletos da plenitude de VIDA que NELE HABITA!

Tantas vezes nossas emoções querem nos paralisar, nos fazer desistir, nos levar ao confronto, nos abater e nos fazer naufragar.

Salmos 46:1-5 diz:

> Deus é o nosso refúgio e fortaleza, socorro bem presente na angústia.
> Portanto não temeremos, ainda que a terra se mude, e ainda que os montes se transportem para o meio dos mares.
> Ainda que as águas rujam e se perturbem, ainda que os montes se abalem pela sua braveza. (Selá.)
> Há um rio cujas correntes alegram a cidade de Deus, o santuário das moradas do Altíssimo.
> Deus está no meio dela; não se abalará. Deus a ajudará, já ao romper da manhã.

Ele é o farol que ilumina nossa alma e nos ajuda a navegar entre angústias e ansiedades, entre as dores da alma, e Nele há a certeza de encontrarmos a resposta para vencer cada momento difícil de nossa vida. Ele é o farol que nos indica a direção a seguir e ajusta nossas emoções.

Então, se Ele lhe disser "vire 20 graus", vá em frente e ouça a voz Dele!

Quando leio a palavra de Deus, encontro homens e mulheres pecadores e imperfeitos, mas que não desistiram de viver o propósito de Deus para sua vida. Homens e mulheres que gritaram como aquele capitão, na força do braço – ou melhor, na força da garganta –, na força da autoridade conferida por sua patente, na sua própria força.

Você pode descrever quantas vezes agiu assim? Sem entender o que Deus falava e ministrava ao seu coração, gritando e querendo que as coisas acontecessem do seu jeito?

Tenha cuidado! Se o emissário do farol não comunicasse claramente seu propósito, o navio tão cheio de "preparo", com um capitão tão condecorado, iria naufragar e levaria consigo muitas outras vidas.

O que muda a vida das pessoas não são títulos ou recursos financeiros. Já conheci pessoas milionárias, mas pobres de espírito. Pessoas que têm tudo que o dinheiro pode comprar, mas não encontram propósito de vida e não são felizes.

Encontrei meu propósito quando tive um encontro com Deus. E, embora não compreendesse o que faria da vida a partir de então, uma coisa era clara: eu conhecera o AMOR, e diante dele nada mais faria sentido se eu não falasse de Jesus, não cuidasse de pessoas, não servisse à minha família, não fosse eu mesma. Quando fugimos de ser quem somos, fugimos do propósito de Deus para nós! Abrace quem você é e celebre a pessoa incrível que tem se tornado.

Se o farol saísse do lugar, não cumpriria seu propósito!

Assim como você, que existe por um propósito, não abra mão de ser filho, de se manter firme em sua posição, sem justificativas nem mentiras, apenas sendo quem Deus formou para ser.

SE UM HOMEM NÃO DESCOBRIU
NADA PELO QUAL MORRERIA, NÃO
ESTÁ PRONTO PARA VIVER.
– MARTIN LUTHER KING

Por quem ou por qual causa você está disposto a morrer?

Por amor ao evangelho de Cristo, estou disposta a morrer todos os dias, "porque para mim o viver é Cristo e o morrer é lucro". (Filipenses 1:21)

VIVA UMA VIDA COM PROPÓSITO!

O pastor estadunidense Rick Warren menciona: "Você foi feito por Deus e para Deus, e, até que compreenda isso, a vida jamais fará sentido"[11].

Paulo, Pedro, Abraão encontraram-se com Jesus, descobriram seu propósito e passaram a viver uma vida que fazia sentido para eles.

O que faz sentido para você hoje?

Meu desafio é: seja livre da falta de propósito e assuma sua identidade de filho amado de Deus. Para isso, encontre Jesus! Ele espera por você!

ORAÇÃO FINAL

Pai, a plenitude requer de cada um que se deixe seguir pelo farol que aponta o caminho que trata as feridas e nos torna quem fomos chamados a ser!

Neste dia, oro para que o controle da embarcação de nossa vida esteja sob o governo do Senhor!

Declaro que preciso de Ti. Somos seres humanos sensíveis à direção de Deus. Se Ele disse "mude a rota em 20 graus", diremos "sim, Senhor! O governo de nossa vida está em Suas mãos!".

Declaro hoje que este é o tempo em que minhas emoções são controladas pelo Espírito Santo de Deus, para nunca mais serem as mesmas.

---

[11] https://www.pensador.com/frase/MTQyNTY3MQ/

"Onde quer que Deus o chame em sua jornada de liderança, não deixe que o medo daquilo que lhe falta atrapalhe. O que você tem é inestimável – o maior líder que já andou na terra nos convida diariamente a liderar pelo seu exemplo."

– Rachel Lohman

DEVOCIONAL

LIVRE DA MENTALIDADE DE ESCASSEZ

Para vencer, você precisa crer que o propósito de Deus para sua vida foi gerado antes mesmo de você nascer.
– AMANDA VERAS

Durante vinte e um anos, esforcei-me muito para vencer. Esforcei-me com toda a força que poderia gerar. Aprendi com meu pai que, na lida diária, se você deseja vencer, é necessário se esforçar, trabalhar duro e seguir na luta, trabalhando sem parar.

E assim o fiz. Estudava, trabalhava e vivia a rotina muitas vezes insana de um trabalhador da capital paulistana.

O sol ainda não nasceu, mas já estamos de pé, pegamos o metrô, o trem, o ônibus, seguido de uma boa caminhada a pé. Chegamos ao trabalho, produzimos enlouquecidamente, batemos as metas, nos estressamos. Almoçamos em quinze minutos – afinal, é o "suficiente" –, voltamos para a labuta, retomamos a produtividade, seguimos trabalhando.

Nos dedicamos, nos esforçamos, entregamos nosso melhor, chegamos ao trabalho antes e saímos depois de todo mundo. Contabilizamos horas extras.

Aos finais de semana, procuramos mais um trabalho para ajudar na renda familiar. E assim vamos. E assim seguimos a vida que é vivida, mas não sentida e, muitas vezes, não percebida.

Eu não imaginava que havia PROPÓSITO; aliás, nem sabia o que isso significava, pois o que regia minha vida era a necessidade – necessidade do recurso financeiro para pagar a conta de luz, que, se atrasasse, seria cortada; de pagar a faculdade e poder, ao final, negociar as parcelas em aberto; de ter comida em casa para fazer o arroz com feijão. Sair para jantar era um luxo muito distante da minha realidade. Então, diante de tudo isso, pensar em propósito era fantasioso demais para mim.

> Tudo tem o seu tempo determinado, e há tempo para todo propósito debaixo do céu. (Eclesiastes 3:1)

Houve um tempo na vida em que eu conhecia Deus apenas de ouvir falar. Como está escrito no Livro de Jó 42:5: "Antes eu te conhecia só por ouvir falar, mas agora eu te vejo com os meus próprios olhos".

Tudo que eu construía com muito trabalho e esforço edificava em solo arenoso.

Uso o termo "solo arenoso" porque o que eu fazia era edificar pautada em meu desejo, na minha vontade e na força do meu braço. Não sabia nada sobre o chamado de Deus nem sobre propósito, sobre o qual hoje tanto ouvimos falar.

Na areia não há estabilidade; a construção pode, a qualquer momento, desabar, assim como minha vida nesse tempo.

No entanto, quando conheci Jesus, quando Ele me encontrou e me resgatou da vida sem propósito que eu vivia, percebi que não estava errado o esforço que eu empenhava, mas, sim, o motivo pelo qual eu o empenhava; eu semeava para um fim próprio: meu conforto, meus sonhos, uma vida melhor. Isso me levava a pensar:

Quando me formar, serei feliz.

Quando trabalhar na minha área, serei mais bem remunerada.

Quando fizer tudo do jeito que planejei, vou alcançar o lugar que tanto quero!

Que lugar?

Eu não sabia.

Não havia propósito para tanto esforço, porque o que eu fazia tinha fim em mim mesma, no meu conforto.

A vida regrada e limitada pela escassez nos leva a querer crescer para nunca mais passarmos por privações; para nunca mais sermos esmagados por pessoas no metrô, e, no caso das mulheres, por homens que, às vezes, cheios de malícia, aproveitam a oportunidade do aperto para "tirar uma casquinha"; para nunca mais ficarmos no ponto de ônibus esperando nossa vez de embarcar e, com o ônibus lotado, termos de esperar o próximo; para nunca mais passarmos o dia com o calçado molhado por causa das fortes chuvas e das caminhadas a pé, do local de trabalho para a faculdade, entre outras situações.

A escassez faz isso: nos torna mesquinhos e medrosos, tristes e abatidos.

Retemos por medo de faltar. A mentalidade da escassez nos faz crer que não haverá o suficiente para suprir nossas necessidades.

Ah, mas como é diferente quando chega até nós o propósito de Deus, quando entendemos que agir por necessidade só satisfaz à nossa carne, mas agir pelo propósito deixa um legado geracional.

Talvez as atuais circunstâncias em sua vida, ou até as passadas, lhe tragam maior chance de desenvolver uma mentalidade de escassez, mas quer saber? Lembre-se de José, que foi vendido pelos irmãos, ficou no poço, na prisão e, após todos os percalços, cumpriu o propósito de Deus. José enfrentou o abandono, a rejeição, a traição, o esquecimento de quem amava, porém, ao fim de tudo, permaneceu fiel. José tinha tudo para desenvolver uma mentalidade de escassez e agir pela força do próprio braço, deixando de lado o propósito de Deus para sua vida; todavia, agiu de forma contrária, porque sabia o que Deus pensava a seu respeito.

> Porque eu bem sei os pensamentos que tenho a vosso respeito, diz o Senhor; pensamentos de paz, e não de mal, para vos dar o fim que esperais. (Jeremias 29:11)

Deus tem pensamentos de paz para nós; tem um plano para minha e para sua vida, além da rota para que as coisas aconteçam e o propósito se cumpra. No entanto, muitas vezes, precisaremos passar pelo caminho da rejeição, do abandono, da mentira.

José passou por isso e venceu a mentalidade da escassez com os olhos no propósito, não na dor do processo. Guardou o coração nos princípios de Deus e, assim, teve vida!

> Acima de tudo, guarde o seu coração, pois dele depende toda a
> sua vida. (Provérbios 4:23)

José guardou o coração da ofensa, da acusação e da mentira. Soube se posicionar quando as propostas ilícitas chegaram até ele pela mulher de Potifar e renunciou a cada uma delas (Gênesis 39). Não se justificou; apenas seguiu no propósito com convicção, submetendo-se a todos os processos.

Não fui igual a José, que cresceu em um lar cristão. Estou mais para Saulo, que caiu do cavalo e teve um encontro com Deus, rompendo com a religiosidade e vivendo uma experiência de vida com o Pai. A experiência em conhecer a Deus me fez passar por algumas quedas – financeiras, físicas e emocionais –, mas em todas elas a mão do Senhor sempre esteve estendida para me levantar, e Seus braços de amor, abertos para me amparar.

Entendi, por meio das quedas, que eu não seria feliz "quando"... Quando tudo acontecesse como eu planejara.

Tive um encontro com Jesus, e agora minhas vontades e meus planos já não tinham mais sentido, e o fim em mim mesma não me trazia mais satisfação.

> Já estou crucificado com Cristo; e vivo, não mais eu, mas Cristo
> vive em mim; e a vida que agora vivo na carne, vivo-a na fé do
> Filho de Deus, o qual me amou, e se entregou a si mesmo por
> mim. (Gálatas 2:20)

Eu queria o propósito Dele para minha vida.

Passei a orar, e tudo que não estava no propósito de Deus para mim sabia que precisava ser retirado. Para sermos livres da mentalidade de escassez, precisamos confrontar nossos sentimentos, não nos mover por necessidade e aprendermos a ressignificar nossos traumas.

Na prisão, José aprendeu a lidar com a escassez com a multiplicação. Na escassez de recursos, ele os multiplicou! Criou uma mentalidade de provisão, guardou o coração com os princípios de Deus e alimentou sua fé na esperança de que sua situação cooperaria para o propósito de Deus em sua vida.

Como o apóstolo Paulo nos ensina em 2 Coríntios 4:17:

> Porque a nossa leve e momentânea tribulação produz para nós um peso eterno de glória mui excelente.

 QUANDO TEMOS CLAREZA DO PROPÓSITO, NÃO NOS PERDEMOS NO PROCESSO!

A clareza do propósito de Deus na vida de José fez que José guardasse seu coração na fé em Deus até mesmo em tempo de escassez. Apesar de toda a dor vivida, José foi livre da mentalidade de escassez e viveu uma realidade de sustento e provisão abundante que salvou inúmeras vidas em tempos parcos. (Gênesis 47)

Quem não tem clareza do propósito de Deus para sua vida, em momentos de dor e adversidade, abre mão da fé, murmura e quer voltar ao tempo do esforço sem sentido, para suprir suas necessidades, como o povo no Egito, que sentia saudade das cebolas dos tempos de escravidão porque não enxergava a provisão.

> Nós nos lembramos dos peixes que comíamos de graça no Egito, e também dos pepinos, das melancias, dos alhos-porós, das cebolas e dos alhos. (Números 11:5)

O pastor Luiz Hermínio diz uma frase de muito sentido para esse contexto: "O difícil não é tirar o povo do Egito, mas, sim, o Egito do povo".

Então, para ser livre da mentalidade de escassez, é preciso:

- abraçar o propósito de Deus para sua vida;
- viver por fé;
- guardar os princípios da palavra de Deus;
- não se mover por necessidade;
- esquecer o passado e avançar para a nova vida em Cristo.

A mentalidade de escassez nasceu em minha vida em um período de perdas.

Quem se move por necessidade desenvolve uma mentalidade de escassez, em que tudo pode acabar, então é preciso consumir e jamais reservar. A escassez não trabalha com reservas. Come-se tudo, gasta-se tudo, porque não existe amanhã. O medo da falta faz isso; a dor das experiências de querer ter e não poder adoece a alma.

Meus pais sempre se esforçaram muito para que eu e minha irmã tivéssemos uma boa criação. De tudo que meu pai disse que deixaria para mim, o mais importante, para ele, eram os estudos (papai era um homem humilde, que cursou apenas até o 3º ano do ensino fundamental). Era trabalhador braçal. Suas mãos pesadas eram duras pelas marcas do trabalho com a roça e depois com o trabalho industrial. Na mentalidade dele, gente inteligente é gente estudada.

Eu e minha família tivemos anos de bonança, mas também tivemos longos e duros anos de perdas e grande escassez.

Costumo brincar contando uma história que vivenciei, que desencadeou uma crise que chamo de "síndrome da geladeira vazia".

Quando a empresa na qual meu pai era sócio faliu, perdemos tudo o que tínhamos. E entramos em um tempo de deserto. Os dias de geladeira farta desapareceram, e dei "de cara" com uma geladeira vazia, que não tinha sequer gelo, porque a energia fora cortada. A despensa da casa estava "seca".

Mas quero dizer que, ainda que sua despensa seque, com Deus haverá provisão sobre sua vida.

> Portanto, eis que eu a atrairei, e a levarei para o deserto, e lhe falarei ao coração. (Oseias 2:14)

Deserto é local de passagem. Quando avançamos em fé em tempos de deserto, amadurecemos.

Lembro-me de um tempo em minha vida de muita escassez, atravessávamos um deserto nas finanças da família, foi um tempo muito rigoroso marcado pela ausência de recursos financeiros e também de alimentos para nossa casa. Um dia, quando eu estava comendo pão seco e bebendo água, Deus enviou uma pessoa à nossa casa com alimento, uma amiga de minha mãe, a boa samaritana enviada por Deus com uma panela de sopa e alguns pães.

Ah, como é bom saciar a fome!

Comemos e seguimos nessa estação de deserto sendo sustentados por Deus, igual a Elias no vale de Querite (1 Reis 17). Isso gerou um trauma em minha vida que levou anos para ser superado. Tento superar todas as vezes que abro uma geladeira: se a geladeira está cheia, sinto satisfação, um afago na alma; contudo, se está vazia, MEU DEUS!

Antigamente, eu até sentia taquicardia, angústia e tristeza ao ver a geladeira vazia, e não era mais pela falta de recursos financeiros (graças a Deus!), mas, em alguns casos, pela correria do dia a dia, pela falta de tempo de ir ao supermercado.

O fato é que ainda hoje a geladeira vazia mexe comigo, mas consigo calar os pensamentos de escassez.

Para glória de Deus, posso testemunhar que atualmente não tenho mais taquicardia ao ver a geladeira vazia, mas não posso mentir que sinto enorme satisfação, como uma massagem na alma, ao ver minha geladeira cheinha!

O antídoto para a escassez é a mentalidade de abundância.

Sorrio para a geladeira cheia e penso que o passado ficou para trás; o deserto me ensinou muito, mas não habito lá.

Sou livre da mentalidade de escassez e dou comando à minha alma para se aquietar, porque sei que em Deus todas as minhas necessidades serão supridas. E declaro palavras de bênção sobre minha vida porque, ainda que minha geladeira fique vazia, minha provisão vem do alto, onde não me movo por necessidade, não há escassez e não existe geladeira vazia!

Portanto, ainda que sua estação seja a de geladeira vazia, sempre haverá a provisão de Deus para surpreender você! Nossas necessidades são o ambiente perfeito para o milagre acontecer. No poço e na prisão, o socorro do Alto nunca faltou a José, assim como nunca faltará para mim e para você!

ORAÇÃO FINAL

Louvo a Deus, meu Pai, meu amor, o Deus da minha provisão! Não tenho medo da escassez, porque meu Pai é abundante em tudo de que necessito. Agradeço por Tua provisão, pelo Teu sustento no deserto, pelo Teu amor e cuidado comigo e com minha casa. Pai, obrigada por me fazer ser filha e me libertar dos traumas e da mentalidade de escassez. Obrigada pela metanoia do céu em minha vida! Sou livre! Sou abundante em tudo que faço! Sou generosa! Sou livre em Cristo Jesus!

DEVOCIONAL

Livre da necessidade de aprovação

Caminhe com os pés tocando a terra, mas com o coração tocando o céu!
– São João Bosco

Talvez este seja o "livre de" mais desafiador para mim, porque é uma das minhas grandes lutas.

Para ser curado, é preciso ser contaminado. Ninguém é curado de algo sem antes ser atingido ou afligido por ele. Fui atingida e atravessada pela necessidade de ser aprovada, e, quanto mais me negava a confessar essa dor, mais ela se aprofundava em minha carne.

A necessidade de aprovação é como um demônio, que, a todo momento, me rodeia; é como um vício, que cresce dia após dia. Por essa razão, aprendi a lutar contra ele. Antes, sentia-me péssima quando não era aprovada pelas pessoas, quando não ouvia a frase mais desejada perante algo que fizera: "Parabéns! Como você é boa no que faz!".

Observe que nem precisava do "Obrigada" – é isso que a necessidade de ser aprovada faz: traz uma distorção de identidade (sou o que faço) e nos leva à condição de escravidão em servir (faço para ser aceito).

Hoje, não sinto dor ao falar sobre isso; ao contrário, sinto-me livre em diagnosticar, perceber e saber como lutar contra a necessidade de aprovação. Conseguimos isso ao superar a dor dos sentimentos que nascem a partir dela.

A necessidade de aprovação é o carro-chefe de sentimentos e emoções como rejeição, vergonha, medo, ansiedade, culpa, orgulho. Sim, ela nunca vem sozinha.

Ela tomou conta de mim por muitos anos. Mas quero lhe dizer, de todo o coração, que, se hoje posso falar que sou livre da necessidade de aprovação, você também pode sê-lo. Contudo, preste atenção: eu não disse que não luto contra ela; continuo a saga, permaneço na guerra, mas aprendo a vencer as pequenas batalhas; desse modo, ela não me governa mais.

Como faço isso?

1. Abastecendo o tanque de minha alma com leituras bíblicas diárias. Assim, com o coração guardado em Deus (Provérbios 4:23), posso perceber quando ela chega e se apresenta para mais uma batalha.
2. Andando em lugares altos. Mas que lugares são esses? Ando com o coração tocando o céu, conversando com Deus sobre como me sinto, permanecendo em constante espírito de oração.
3. Vestindo a armadura de Deus dia após dia e declarando Efésios 6:10-19 em primeira pessoa: "Finalmente, fortaleço-me no Senhor e no seu forte poder. Visto-me de toda a armadura de Deus, para poder estar firme contra as ciladas do Diabo, pois minha luta não é contra seres humanos, mas contra os poderes e autoridades, contra os dominadores deste mundo de trevas, contra as forças espirituais do mal nas regiões celestiais. Por isso, visto toda a armadura de Deus, para que possa resistir no dia mau e permanecer inabalável, depois de ter feito tudo [...]".
4. Orando e declarando que perdoo a mim e a meus ofensores. Perdoo as pessoas que, vendo minha necessidade de aprovação, usurparam e alimentaram meu vício.

 Os fracos nunca conseguem perdoar.
O perdão é atributo dos fortes.
– Mahatma Ghandi

Perdoar a mim e aos meus ofensores, aos que alimentaram meu vício diante de minha vulnerabilidade, foi e continua sendo desafiador. Mas como Ghandi disse: isso é atributo dos fortes! Sou forte em Cristo, por isso decido perdoar a mim e ao próximo.

Aprendi que preciso andar na presença do Pai, e que o afastamento de Deus e o distanciamento da Sua presença em minha vida aumentam o poder do inimigo e me deixam vulnerável ao pecado.

É preciso ser destemido e agir com ousadia!

Aprendi que desiste quem não resiste.

Veja o que o Livro de Tiago 4:7 nos ensina:

> "Sujeitai-vos, pois, a Deus; mas resisti ao Diabo, e ele fugirá de vós".

Sujeitemo-nos a Deus, porque só assim você e eu seremos capazes de resistir ao inimigo de nossa alma; agindo assim, ele é quem fugirá, porque não exercerá mais domínio sobre nós.

Na maioria das vezes, o que nos leva a desistir é a impaciência, o pensamento. Por exemplo: quando a necessidade de aprovação se apresenta em minha vida, já consigo percebê-la. Então, busco em Deus e em oração ajustar a bússola do meu coração e manter a direção no caminho Dele, meditando em Sua palavra e, com muita paciência, comigo mesma: "Calma, Amanda, você vai conseguir vencer!".

Ser livre de seja qual for o desafio não é subir no lugar mais alto do pódio e habitar ali; é saber subir, descer, ir para casa e voltar, pois viver uma vida de liberdade é uma decisão diária que compete a todos nós enquanto habitamos nesta terra.

A impaciência precede a desistência.

Desiste quem não resiste; quem não se submete a Deus.

Para resistir, adote a prática TRPS.

- Tome posse da armadura de Deus.
- Reconheça quem é o real inimigo.
- Posicione-se.
- Seja dependente de Deus.
- Mentalizar e internalizar essas ações e exercitá-las todos os dias nos conduz a uma vida de liberdade em Deus.

Gostaria de indicar o livro *O vício de agradar a todos*, de Joyce Meyer[12] – por quem nutro profunda admiração –, que me ajudou, de forma profunda, a ser livre da necessidade de aprovação. Esse livro foi cura para minha alma.

Aprendi com essa leitura que precisava decidir se queria permanecer na dor da escravidão ou se passaria pela dor da libertação. A dor é comum em ambas as decisões, mas o que produz em cada uma delas é diferente: somos nós que escolhemos o fruto que vamos produzir.

Na página 135 de seu livro, Meyer menciona: "Quando somos confrontados pela dor, só temos três escolhas: (1) deixar a dor de lado agora, (2) deixar a dor de lado depois, (3) ficar com a dor para sempre".

Manter um vício custa caro. No meu caso, custou-me dias de paz, uma vida de liberdade. Diante do vício da necessidade de aprovação, abracei outro pecado: a adoração. Adorei pessoas e as coloquei no lugar de Deus no meu coração.

Foi tão doloroso reconhecer isso! Foi tão vergonhoso e desastroso passar pela dor da confissão! Mas só é curado aquele que é acometido por algo, e só é liberto e tem os pecados perdoados aquele que confessa.

> Confessai as vossas culpas uns aos outros, e orai uns pelos outros, para que sareis. A oração feita por um justo pode muito em seus efeitos. (Tiago 5:16)

Foi assim que decidi agir, mas tudo foi um processo.

Precisei passar por nove momentos distintos e complementares, como se cada um deles fosse um nível que, ao avançar, me levaria ao destino da tão sonhada cura e me tornaria livre da necessidade de aprovação.

1. Responda ao chamado de Deus (Ele me chamara para realizar projetos que estavam em meu coração, mas que haviam nascido do coração Dele para mim. Precisei responder ao chamado, posicionando-me).

---

[12] MEYER, Joyce. *O vício de agradar a todos:* liberte-se da necessidade de aprovação. Belo Horizonte: Bello Publicações, 2009.

DEVOCIONAL

2. Esteja atento ao tempo que Deus determinou para você! Eclesiastes 3 nos ensina sobre o tempo determinado para tudo e todas as coisas, então não tente pular a estação na qual você se encontra. Suporte a dor, aguente o frio do inverno, suporte o fogo ardente do verão que vai queimar o que não é mais necessário e deixe cair as folhas do outono, porque a primavera só florescerá no seu coração se você passar por todas as estações.
3. Viva a dor da perda passada e abrace com entusiasmo o novo à frente.
4. Compartilhe com seu líder como se sente (independentemente de como será recebido, libere o peso de seu coração e deixe de sufocar sua alma com algo que precisa ser dito).
5. Esteja inteiro (de corpo, alma e mente) naquilo que Deus o chamou para fazer!
6. Para seguir adiante, deixe o passado para trás (Filipenses 3:13-14).
7. Esqueça o passado, jogando-o no mar do esquecimento, e acolha o novo chegando! (Miqueias 7:18-19)
8. Abrace as coisas boas que Deus tem para você!
9. Seja grato pelo que passou e pelo que virá!

Avance sem medo de errar, porque Deus começou uma boa obra: você! Ele é fiel para cumprir o propósito que determinou para você, por isso seja "indesistível" ao propósito Dele para sua vida, abraçando a cura para uma vida de milagres.

Depois de passar por um processo de muita dor emocional, física e espiritual, decidi ser livre.

De todo o coração, desejo contribuir com sua vida, porque a necessidade de aprovação adoece a alma, e uma alma doente contagia outras pessoas. Desejo que das dores que vivi e dos processos que em Cristo venci você possa, assim como eu, escolher a melhor parte, que é Jesus.

Após anos de dor gerada pela necessidade de aprovação, tive um sonho que me trouxe entendimento da minha situação.

Sonhei que o mundo fora acometido por um vírus, e que as pessoas infectadas por ele se tornavam demônios que devoravam uns aos outros. No sonho, eu buscava um local em que haviam dito ter encontrado a cura. Segui bravamente a jornada, vencendo meus medos, até encontrar o lugar. Lá chegando, uma mulher toda paramentada me disse que só poderia ser curado quem fosse contaminado, e que, para passar pelo grupo que entraria no processo de cura, eu teria que (1) estar disposta a me contaminar em baixa dosagem, a ponto de conseguir reverter a situação; e (2) deixar de lado o sentimento da falta de perdão, pois, após ser contaminada e entrar no campo com as outras pessoas igualmente contaminadas, todos nós só conseguiríamos passar pelo processo de reversão da doença se tivéssemos o coração puro.

Desesperei-me diante dessas informações, porque sabia que carregava a falta de perdão no coração.

A mulher paramentada também me disse que vira um grupo de setenta a oitenta pessoas contaminadas ser exterminado porque uma delas carregava em si sentimentos que não haviam sido perdoados e tinha um coração que não estava livre do pecado.

Meu desespero aumentou, pois, caso não liberasse o perdão, eu poderia não receber a cura e arruinar outras vidas.

No sonho, eu parava, orava e liberava o perdão. No fim, o que aconteceu foi que fui contaminada e curada.

Acordei de madrugada assustada, com muito medo. Decidi orar e, desesperada e repetidamente, declarava que eu decidia perdoar; que decidia ME perdoar; eu PRECISAVA PERDOAR!

> Cria em mim, ó Deus, um coração puro, e renova em mim um espírito reto.
> Não me lances fora da tua presença, e não retires de mim o teu Espírito Santo.
> Torna a dar-me a alegria da tua salvação, e sustém-me com um espírito voluntário.

DEVOCIONAL

> Então ensinarei aos transgressores os teus caminhos, e os pecadores a ti se converterão. (Salmos 51:10)

Todas as manhãs, ao acordar, orei e reafirmei a oração daquela madrugada, até que o perdão fosse sendo, aos poucos, consolidado em meu coração. Foi uma decisão vinda do inconsciente e consolidada no consciente.

Um escravo contamina o outro com a ira do coração, mas alguém livre, curado, salva vidas, restaura famílias e cumpre o chamado do Senhor.

Oro para que este devocional inunde seu coração e revele as áreas escuras para promover a cura em Deus!

ORAÇÃO FINAL

Pai, sou livre da necessidade de aprovação porque estou firmada em Ti. Minha identidade é de filha amada de Deus, e a aprovação de que necessito vem de Ti.

Quero ser conhecida no céu como a filha que ama, obedece, se submete aos processos e jamais desiste de ser quem o céu determinou que seja! Sou indesistível e livre! Verdadeiramente, celebro a liberdade dos filhos de Deus. Não me movo pela opinião das pessoas, mas pela direção do céu. Não acolho o que não me pertence, mas abraço o que meu Pai liberou para mim. Não me isento da batalha, porque sei que a vitória vem de Ti! Sou curada para curar e livre para declarar que a aprovação de que preciso está somente em Ti. E um dia quero ouvir: "Ah, filha amada, em quem me alegro, vem aqui e entra no gozo do seu Senhor!".

Como consta em Mateus 25:21: "Respondeu-lhe o senhor: 'Muito bem, servo bom e fiel! Foste fiel no pouco, muito confiarei em tuas mãos para administrar. Entra e participa da alegria do teu senhor!'".

Amém!

Abrace a cura emocional

"ÀQUELE QUE É
CAPAZ DE FAZER
INFINITAMENTE
MAIS DO QUE TUDO
O QUE PEDIMOS OU
PENSAMOS, DE ACORDO
COM O SEU PODER
QUE ATUA EM NÓS, A
ELE SEJA A GLÓRIA NA
IGREJA E EM CRISTO
JESUS, POR TODAS AS
GERAÇÕES, PARA TODO
O SEMPRE! AMÉM!"

– EFÉSIOS 3:20-21

DEVOCIONAL

Há um grito preso no interior da alma afligida pela decepção. Há um horror no que vemos diante das injustiças cometidas e da dor que cresce em uma alma aprisionada às cadeias emocionais. Grilhões na mente impedem a cura, e para isso é necessário um processo. Para encerrar o ciclo de dor, é necessário tempo – para curar as feridas da alma.

Cadeias emocionais despertam o grito da carne contra as injustiças que vemos e vivenciamos, as quais tanto nos ferem, seja no ambiente profano, seja no ambiente eclesiástico. O denominador comum em ambos os ambientes são as pessoas.

O ambiente perfeito é apenas em companhia de Jesus. Por isso, mais que nunca, o tempo secreto revela chaves, ameniza as dores e nos convida a andar por princípios bíblicos que preservam e protegem o coração do ser humano de outras pessoas e de si mesmo.

Abraçar a cura emocional exige reconhecer os sentimentos, nomeá-los e trazer à luz o que e quem o feriu; requer pegar as chaves e abrir os cadeados que aprisionam a mente e sufocam a alma; reconhecer que é possível passar por este deserto de dor, medo e frustração e ser livre das situações que trazem adoecimento emocional.

Este é meu convite a você neste devocional. O convite de alguém que feriu, mas também já foi ferido, porém decidiu praticar a autoajuda e solicitar ajuda do alto para ser curada. Se você aceitar o convite, abraçará o processo para ser alguém curado e depois curar.

LIVRE DA INCONSTÂNCIA EMOCIONAL

"Lancem sobre [Deus] toda a sua ansiedade,
porque Ele tem cuidado de vocês."
– 1 Pedro 5.7

"Aquele que teme sofrer já está sofrendo daquilo que teme".
– Michel de Montaigne

Em uma manhã de segunda-feira, o alarme do celular tocou às 6 horas. Silêncio para mais 10 preciosos minutos de descanso, mais 10 minutos, e mais 10 minutos, e... perdi a hora. Acordei escutando Alciomar falar:

– Acorda! Estamos atrasados! Não tem achocolatado para o café, e os meninos amam.

Eu sabia que viria reclamação, e acertei em cheio!

– Mãe, cadê o Toddy?

– Acabou.

Passa café na máquina, última cápsula, e já fico pensando: "Vou ter que passar o meu depois, no coador".

– Alciomar, você leva os meninos para a escola?

– Sim!

"Ufa!", penso.

Eles saem, fico em casa, e às 7 horas a impressão que tenho é a de que corri meia maratona. Já me sinto cansada, e penso que deve ser por causa da gripe, mas logo me sinto também desanimada. "Deixe-me ver se estou na TPM", penso. Verifico o aplicativo, faltam 7 dias para a menstruação. "Pode ser", concluo. "A TPM veio com tudo neste mês."

Minha vontade é sumir ou me deitar na cama e ficar assistindo a uma série bem romântica na Netflix, com uma panela de brigadeiro ao lado, mas não posso. Preciso trabalhar, ir ao supermercado. Paro, abro o Instagram e vejo inúmeras pessoas com vidas aparentemente melhores que a minha. A cabeça está para explodir... Volto para o quarto e me deito; afinal; não dormi bem à noite. Estou tomando antibiótico, pois uma inflamação na garganta me pegou de surpresa. Mas agora que despertei não consigo mais parar de pensar na lista de atividades que me aguardam. A semana começou e parece que não descansei um minuto sequer o fim de semana inteiro.

Será que fugir da realidade por alguns minutos resolveria meu problema?

A resposta é: absolutamente, não!

Talvez você se identifique com uma manhã de segunda-feira igual à que descrevi; talvez esteja horrorizado com essa loucura logo cedo. O fato é que todos vivem desafios emocionais, seja a pessoa mais zen do mundo, seja o indivíduo mais crente da galáxia. Uma hora ou outra, por questões que só Deus sabe, passamos por uma luta emocional.

Um dos meus grandes desafios é ser emocionalmente constante, independentemente dos fatores hormonais.

Podemos adicionar à receita do "seja emocionalmente constante" nossa personalidade e nosso temperamento. Quando falo em temperamento, lembro-me do escritor e pastor batista estadunidense Tim LaHaye, que compartilha no livro *Temperamentos transformados*[13] como Deus pode transformar as falhas do nosso temperamento.

Entre todos os personagens bíblicos que LaHaye descreve no livro, Pedro é tido como exemplo de alguém cujo temperamento leva à inconstância.

No entanto, como tenho dito neste devocional, o ponto de vista de Deus é diferente do nosso. Enquanto focamos o hoje, Deus já vê o futuro; enquanto insistimos em respostas imediatas, Deus nos ensina a crescer na paciência que se desenvolve no tempo da espera.

Pedro, de temperamento inconstante, foi transformado pelo poder de Deus e tornou-se um homem maduro, sem perder a essência, controlado pelo Espírito Santo.

---

[13] LAHAYE, Tim. *Temperamentos transformados:* como Deus pode transformar as falhas do seu temperamento. 2. ed. rev. São Paulo: Mundo Cristão, 2008.

Assim que li o capítulo do livro que falava da inconstância de Pedro, pensei: "Se deu certo para ele, pode dar certo para mim. Mas, diante disso, o que preciso fazer para mudar essa inconstância e me tornar alguém constante?".

Isso não é tão fácil nem tão prático. Requer esforço, dedicação, desejo latente de realmente ser transformado e algumas direções que me ajudaram e continuam me ajudando a ser livre da inconstância.

Nem todas as minhas manhãs são iguais àquela que descrevi no início deste princípio. O fato é que há uma variante na vida chamada livre-arbítrio, uma capacidade que Deus nos conferiu para sermos verdadeiramente livres em nossas escolhas e decisões.

Eu não sabia que até a liberdade poderia tornar minha vida uma confusão; afinal, fui criada sob o jugo pesado do DEVE SER ASSIM.

Às vezes, achamos que liberdade de escolha é sinônimo de controle. E, sem perceber, tentamos controlar tudo e a todos, o que acarreta cansaço, leva ao desajuste emocional e, por fim, à inconstância pela exaustação, pela frustração e pelo desânimo.

Para ser livre da inconstância, é preciso ser livre para ser você mesmo!

Eu sofria e era inconstante porque fui condicionada a agir em prol de tudo que me era solicitado. Eu era muito boa em executar comandos para agradar às pessoas e, na mesma medida, em me maltratar para agradar aos outros, isolando o que sentia, pensava ou achava, comprimindo o coração pela angústia de não expressar como queria algo ou pensava que devesse ser esse algo, ou seja, eu era muito boa em não ser eu mesma, em não ser suficientemente boa para mim mesma.

Somos emocionalmente inconstantes porque sufocamos quem somos e, cansados da repressão, mudamos de opinião e oscilamos em nossos sentimentos e afetos em relação aos outros e a nós mesmos, tornando a vida, assim, um fardo.

> Venham a mim, todos os que estão cansados e sobrecarregados, e eu lhes darei descanso. Tomem sobre vocês o meu jugo

DEVOCIONAL

> e aprendam de mim, pois sou manso e humilde de coração, e vocês encontrarão descanso para as suas almas. Pois o meu jugo é suave e o meu fardo é leve. (Mateus 11:28-30)

Emoções represadas levam ao desgaste da alma. Sabendo disso, Jesus nos convida para irmos até Ele e encontrar descanso para nossa alma aflita, cansada.

Quando leio esse versículo, coloco a mão na cabeça e declaro: SOU CONSTANTE PORQUE EM JESUS DESCANSO MINHA ALMA!

Isso não é fácil, mas compreendi que também não é impossível. Esse é meu desafio quase diário. Fui pesquisar na psicologia comportamental como determinado comportamento poderia ser extinto, ou seja: seria possível adquirir novos comportamentos que me levassem a atitudes constantes?

A resposta é sim! Certo comportamento pode ser extinto pela quebra na relação estímulo-resposta.

De acordo com o *site* Rede Psi, "extinção é a quebra na relação estímulo-resposta, é o rompimento de um comportamento operante. Como efeitos colaterais ela produz a variabilidade comportamental, o enfraquecimento da resposta, frustração, raiva e cólera".[14] Isto é, também posso extinguir meus comportamentos que nascem da inconstância emocional! Podemos enfraquecê-los, até o momento da extinção.

Como em tudo vejo a mão de Deus, entendi que a presença do Espírito Santo de Deus em mim poderia transformar minha mente, permitindo-me refletir acerca da palavra de Deus sobre como agir, qual resposta dar, como fazer escolhas inspirada por Jesus.

Pedro tornou-se alguém constante sem perder sua personalidade. Foi aí que entendi que, para ser livre de inconstância emocional, eu precisava desenvolver novos comportamentos, novas atitudes, nova mentalidade. Se desejamos ser livres, seja lá do que nos aprisiona, precisamos andar em Espírito para vencermos os desejos da carne.

---

[14] Extinção. *Rede Psi*, 12 fev. 2008. Disponível em: https://www.redepsi.com.br/2008/02/12/extin-o/. Acesso em: 8 ago. 2022.

É o que o Apóstolo Paulo descreve em Gálatas 5:22-23: "Mas o fruto do Espírito é amor, alegria, paz, paciência, amabilidade, bondade, fidelidade, mansidão e domínio próprio. Contra essas coisas não há lei".

Há duas forças antagônicas militando em nós: a vontade de nossa carne e a presença do Espírito Santo. O fruto do Espírito que Paulo menciona é a boa obra da presença de Deus em nós.

As qualidades, as emoções, as características produzidas por Deus em nós precisam ser a escolha do fruto com o qual vamos nos alimentar.

Diante dessa consciência, meu coração encheu-se de ânimo e vigor, pois entendi que minha luta da inconstância emocional – que talvez também seja a sua – já fora vencida por Jesus na cruz, mas o astuto inimigo de nossa alma ainda lança suas mentiras perante nós, e, cada vez que ele tentar me afastar da constância de minhas emoções, vou me posicionar de forma indesistível de minha liberdade em Cristo!

Sou alguém emocionalmente constante!

Descobri algumas atitudes que podem ajudá-lo a ser, nesta jornada da vida, a cada dia, livre de toda inconstância emocional.

1. Desenvolva a disciplina espiritual: todos os dias, faça seu devocional e tenha um tempo com Deus, alimentando sua alma para escolhas assertivas e direcionadas pelo Espírito Santo.

2. Faça novas escolhas que possibilitem o inconsciente a agir de forma direcionada. A psicóloga sul-africana Susan David, no livro *Agilidade emocional*, descreve que a mudança de comportamentos exigirá, no início, algum esforço, mas que, se persistirmos em manter essas novas escolhas, em breve elas estarão tão arraigadas em nós que possibilitarão nosso cérebro a agir de modo inconsciente, no sentido em que precisamos ir.[15] Ou seja, devemos escolher a constância ao invés da inconstância.

---

[15] DAVID, Susan. *Agilidade emocional:* abra sua mente, aceite as mudanças e prospere no trabalho e na vida. São Paulo: Cultrix, 2018, p. 170.

DEVOCIONAL

3. Decida acolher os dias ruins e não tomar decisões pautadas nos sentimentos.

> O coração é mais enganoso que qualquer outra coisa e sua doença
> é incurável. Quem é capaz de compreendê-lo? (Jeremias 17:9)

Guardar o coração em Deus (Provérbios 4:23) nos assegura fazer boas escolhas e tomar decisões sob influência e governo do Espírito Santo de Deus.

ORAÇÃO FINAL

Pai, minhas emoções não me governam, pois sou governada pelo Teu Santo Espírito. Escolho hoje ser livre de toda inconstância emocional. Abraço o fruto do Espírito em meu coração e Te entrego o controle de minha vida. Ajuda-me a caminhar em Teus passos, guia-me na constância do Teu Espírito, na sede e na busca pela Tua presença. Que meus olhos sejam bons e atentos para o que o Alto revela; que eu não decida conforme sinta na carne, mas, sim, sob Teu governo.

Declaro que sou constante em Te buscar.

Declaro que sou constante nas emoções.

Declaro que sou o que dizes que sou: filha amada, constante na boa obra de Cristo nesta terra.

Eu te amo, Jesus!

LIVRE DA AMARGURA

Nenhuma ideia criada por outra pessoa ou por mim
tem tanta autoridade quanto a minha experiência.
– CARL ROGERS

Não despreze este momento que você está vivendo, porque ele o está forjando para o crescimento, dando-lhe a oportunidade de desenvolver a maturidade e o convidando a permanecer com o coração puro.

Escrevo essas palavras enquanto ainda estou vivendo um processo de cura emocional, uma situação a qual jamais imaginei viver. Apesar de lidar profissionalmente com questões da alma e de estudar cotidianamente isso, constatar que estava em uma cadeia emocional foi muito devastador para mim. Ouvi afirmações tão absurdas como "Crente não sofre com problemas emocionais" ou "Crente que tem depressão não está orando".

Na realidade, as crises emocionais podem acometer qualquer pessoa, desde aquelas que consideramos as *top* das galáxias de tão espiritualizadas até as mais simples, ocultadas dos holofotes. O fato é que, se você decidiu servir a Cristo e se posicionou nesse sentido, o inferno e seus demônios também se posicionarão contra você. E esta guerra costuma acontecer com ataques à mente.

Eu não havia me dado conta de que uma guerra começara e estava vigente, e pior: que eu fazia parte dela – estava passando por uma batalha na mente. Quando percebi os sinais, quis negar e fugir; eu não queria acreditar no que estava acontecendo.

Havia um grito comprimido em meu peito, uma dor na alma e um desejo inconsciente de externá-lo. Muitas vezes, a representação da angústia na alma traz sentimentos e emoções que precisam ser externalizados, pois, do contrário, adoecemos emocional, espiritual e fisicamente.

Quando não queremos encarar o que dói e onde, quando não aceitamos a decepção e a condição emocional doentia na qual nos encontramos, perecemos nas prisões emocionais. Em momentos assim, geralmente choro a dor da alma; as lágrimas, muitas vezes, expressam a dor sobre a qual não tenho mais controle. Descobri que, quando não grito, não choro, não dou vazão à dor, meu corpo somatiza tudo isso e o manifesta de alguma forma. Em geral, adoeço – gripe, resfriado, infecção de garganta e diarreia são algumas manifestações que me acometem em momentos de prisão emocional.

> EMOÇÕES REPRIMIDAS E NÃO LIBERADAS IRÃO CONSUMI-LO E CRIARÃO UMA BARREIRA PARA PERCEBER COMO SE APEGAR À DOR E À INJUSTIÇA É PREJUDICIAL À SAÚDE.
> – CRAIG A. MILLER

A ficha estava caindo. Sim, eu estava em uma prisão emocional.

Todo evento doloroso é a causa que traz como efeito um trauma emocional.

Você consegue perceber qual(is) evento(s) ou pessoa(s) é(são) a causa de sua situação atual?

Nosso estado emocional fragilizado nos deixa vulneráveis ao medo, às dúvidas e às incertezas. Na realidade, esses sentimentos fazem parte de nossa vida, mas conseguimos superá-los. Na maioria das vezes, essa superação acontece pelo distanciamento de momentos mais delicados, como o adoecimento de alguém que amamos, e, quando situações iguais a essas chegam até nós, conseguimos perceber que não estamos bem, o cansaço revela o esgotamento emocional, então vamos para a UTI tratar as emoções e dores da alma.

Eu estava assim, na UTI, precisando de cuidados intensivos da alma. Insônia, tremores, taquicardia... a alegria foi embora. Eu não acreditava que estava em crise emocional. Mas Deus se utiliza desses momentos para

"NÃO DEIXE QUE A SUA FELICIDADE DEPENDA DE ALGO QUE VOCÊ PODE PERDER."

– C. S. Lewis, The Four loves, (os quatro amores). Nova York: Harcourt Brase, 1960, p. 120)

nos falar ao coração. Em minhas fraquezas, quando não utilizei a capa de super-heroína, mas constatei o que o apóstolo Paulo ensina, o poder de Cristo manifestou-se em mim.

Na época, eu não compreendia por que tudo aquilo estava acontecendo, porém as crises emocionais não acontecem da noite para o dia; em geral, um gatilho dispara a crise.

Eu precisava parar e respirar, deixar de avançar emocionalmente machucada; precisava parar de somar mais dor à minha alma. Foi um período difícil, que deixou muitas cicatrizes. A face traumática das dores que vivenciamos ainda traz, durante algum tempo, a lembrança clara de situações, pessoas e momentos que reportam ao trauma vivido, e superá-los é o maior de todos os desafios.

Penso que a cura acontece quando podemos visitar livremente as lembranças, sem reviver a dor. Talvez você ache que isso é impossível, mas aprendi que, quando clamamos a Deus, quando pedimos socorro a Ele, Ele alivia nossa alma, traz cura às crises e respostas ao sofrimento.

Eu não compreendia quais poderiam ser as respostas e confesso que achava que não havia justificativas para a crise emocional que estava vivenciando. Foi quando entendi que a crise se instalara porque eu agira errado; parei de culpar os outros e a mim mesma porque entendi que minhas escolhas foram pautadas na busca por aceitação, por aprovação, o que permitiu à amargura invadir meu coração e desencadear uma crise emocional, uma vez que coloquei em meu coração um trono no qual não era Jesus quem se sentava, mas pessoas que poderiam me dar amor, aceitação e me dizer que eu era boa naquilo que fazia. E, como relatei anteriormente, eu queria ser aprovada pelas pessoas.

Ainda hoje, é muito desafiador escrever essas palavras, mas acredito que, das cicatrizes que a amargura deixou, há poder em Cristo para gerar esperança em meu coração. Se hoje, ao ler estas palavras, seu coração estremeceu e você reconheceu que a situação que está vivenciando também foi compartilhada por outra pessoa, oro para que isso seja um impulso em sua decisão de ser curado, de ser livre da amargura.

Li o livro *Peneirado* do pastor estadunidense Wayne Cordeiro. Nele, Cordeiro fala do poder que há na fraqueza e de como Jesus age quando nos afastamos do paradigma de sermos solucionadores de problemas e passamos a clamar a Deus. Cordeiro compartilha que precisamos colocar os problemas de lado uma hora por dia, dizer a Deus que não conseguimos fazer nada sem Ele e clamar, de todo o coração, por Sua intervenção.[16]

Entendi que a crise emocional poderia ser vencida se eu assim me posicionasse. Passei a clamar a Deus; a adorá-Lo diariamente e em alta voz; a cantar louvores que falassem da cura da alma, de adoração a Ele; a clamar a armadura que Efésios 6 declara estar escondida nas asas do Altíssimo; a rogar, dia e noite, que precisava Dele.

Certo dia, estava com raiva de mim mesma por não liberar os sentimentos de amargura que haviam tomado conta do meu coração. Pensamentos do tipo "Por que deixei isso acontecer?", " Não creio que estou passando por isso!", "Não quero ver meu ofensor" invadiam minha mente, até o instante em que pensei: "Deus, acho que gostaria de mudar de cidade".

Foi nessa hora que compreendi que a crise emocional oriunda da amargura que tomara conta do meu coração não seria curada se eu apenas tentasse agir com a força do braço. Então, liguei chorando para minha amiga Clara Linda, dizendo como me sentia, e ela me falou:

– Não retenha as bênçãos por amargura no coração.

Eu estava me destruindo, e o inimigo de nossa alma assistia, de camarote, à minha automutilação emocional.

Foi aí que emiti o pedido de socorro e busquei ajuda. Eu começava a vivenciar a experiência da cura por meio do quebrantamento.

Saí, deixei tudo de lado. Às vezes, ausentar-se faz parte do processo de cura. Em meio à escuridão de uma tempestade, não conseguimos enxergar com clareza, como acontece em um dia ensolarado. Eu precisava de um tempo para mim; o ativismo me consumira, e eu não sabia parar.

---

[16] CORDEIRO, Wayne; CHAN, Francis; OSBORNE, Larry. *Peneirado:* em busca de crescimento espiritual nas provações, nos desafios e nas decepções. São Paulo: Vida, 2013.

DEVOCIONAL

Em Efésios 6:6, a palavra de Deus nos ensina: "Não servindo à vista, como para agradar aos homens, mas como servos de Cristo, fazendo de coração a vontade de Deus".

A Bíblia diz em outro versículo:

> Não se amoldem ao padrão deste mundo, mas transformem-se pela renovação da sua mente, para que sejam capazes de experimentar e comprovar a boa, agradável e perfeita vontade de Deus. (Romanos 12:2)

Entendi que precisava mudar minha mente e renovar a compreensão do servir.

Aprendi que o servir é a semeadura naquilo que é eterno. Vivi tantos anos fazendo coisas para ser aprovada pelas pessoas, e isso só me trouxe dor, frustração, decepção – raízes de amargura no coração.

Para ser livre da amargura, eu precisava, antes, ser livre da necessidade de aprovação, e isso só seria possível pelo clamor a Deus e à dependência Nele.

Se hoje você carrega amargura no coração, lembre-se de que é você, não o outro, o responsável por cultivar e cuidar do jardim de sua alma, e que a cura só acontecerá quando você buscar constantemente a Deus no secreto, abastecer o tanque da alma com tudo que é bom e vem de Deus, e caminhar na essência de que o que fazemos, fazemos para agradar e servir ao Pai!

Amo servir e, ao aprender a ajustar a motivação e a razão pela qual sirvo, tornei-me mais leve, me senti livre. A amargura foi sendo expulsa do meu coração.

Lembro-me de que um dia conversava com meu marido, e ele me disse:

– Amanda, para uma ferida não infeccionar, é necessário retirar-lhe o epitélio, o que é sujo, com muito cuidado. Após a extração e a retirada de tudo o que pode inflamar o local, a ferida está preparada para que um novo epitélio nasça e cubra aquele local.

Entendi que Deus estava retirando a amargura do meu coração; que, com a doce presença do Espírito Santo, Deus estava convocando médicos para tratarem da minha alma, pessoas que cuidariam de mim naquele momento de intensa dor.

Em momentos de vulnerabilidade, é preciso ter cuidado com quem você vai abrir o coração e expor as feridas. Ore a Deus para que Ele convoque pessoas para desbridar a ferida e permitir que um novo epitélio ali renasça – pessoas de confiança, amigos de Deus.

Desbridar uma ferida pode ser um procedimento rápido, mas leva tempo para o novo epitélio nascer. Navegue o tempo que for preciso nas tempestades da alma, suportando a ofensa, perdoando aos ofensores, desenvolvendo um coração humilde e colocando Jesus no trono do seu coração, pois, quando Ele é o centro de tudo, tudo que acontece ao redor não fere mais você, porque seu olhos estão fixados Nele, e seu desejo é cumprir a vontade do Pai, sendo, assim, livre de toda cadeia emocional, de toda amargura.

ORAÇÃO FINAL

Pai, hoje clamo a Ti para ser verdadeiramente livre de toda raiz de amargura. Clamo a Ti para que me escondas debaixo de Tuas asas. Tu és meu abrigo, socorro bem presente na hora de minha angústia.

Pai, livra minha mente dos pensamentos maus, da ausência de alegria, da frustração, das expectativas que criei sobre as pessoas e alinha a motivação do meu coração em querer agradar a Ti, em desejar louvar a Ti em meu modo de ser e viver.

Obrigada pelas crises, porque Teus braços me sustentam em pé quando penso em desistir. Obrigada, Pai, porque posso a Ti clamar. Limpa meu coração, leva-me a andar nos lugares altos em Ti, onde eu só possa escutar a Ti, onde as batidas do meu coração encontrem o Teu consolo, o Teu amor, em resposta à aflição da minha alma. Eu errei, então me perdoa, Senhor. Como diz o salmista, cria em mim, ó Deus, um coração puro e renova em mim um espírito inabalável. Não me repulses da Tua presença! Pai, clamo a Ti: retira a amargura do meu coração e libera Teu perdão e amor sobre mim, para que eu seja livre da amargura e aprenda em Ti a amar os meus ofensores. Declaro que sou livre de crises emocionais, sou livre da amargura. Em Teu nome, Jesus, declaro que sou livre!

DEVOCIONAL

Livre das estacas emocionais

Jesus disse-lhe: Levanta-te, toma o teu leito, e anda.
– João 5:8

Você já ouviu falar da fábula do elefante acorrentado?

Gosto muito dela, porque mostra o quanto cada um de nós está sujeito, em determinado momento de nossa trajetória, a permanecer acorrentado a estacas que nos feriram emocionalmente e nos impedem de avançar rumo a uma vida livre, plena e abundante em Deus.

Conta a fábula que, ao nascer, um elefante teve uma das patas presa por uma corda a uma estaca no chão. O animal, ainda pequenino, sem muita experiência de vida, tentava repetidas vezes, exaustivamente, se ver livre daquilo que o prendia, sem sucesso. Por mais que tentasse, não tinha força suficiente para romper a corda, então se deixou vencer pelo cansaço. O pequeno elefante foi crescendo, sempre preso à estaca pela corda, e desistiu de tentar ser livre.

O estado provisório do elefantinho passou a ser sua condição de vida, e, embora com o passar dos anos seu tamanho e sua força tenham triplicado, ele se deixou levar pela estaca e pela corda, nunca mais tentando avançar.

O elefante não conhecia a própria força; ainda estava aprisionado à experiência da infância, em que lutou com bravura, com todas as forças, até cansar. Ele fora acorrentado desde pequeno e não sabia como se libertar.

O mistério do elefante acorrentado me intriga muito, porque me identifico com sua história. Percebo que, em algum momento da minha caminhada, também fui presa a cordas firmadas em estacas, que me impediram de avançar.

Mas o fato é: como conseguimos romper as estacas emocionais que nos aprisionam e nos impedem de viver uma vida livre?

O elefante é conhecido como um animal que tem grande capacidade de armazenar informações. Por certo, você já ouviu a expressão: "Aquela

"Cura exige coragem, e todas nós temos coragem, mesmo que tenhamos que procurar um pouco para encontrá-la."

— Tori Amos

DEVOCIONAL

garota tem memória de elefante!". Pois bem, é excelente ter um HD mental de muitos giga, porém é importante considerar que só guardar informações não trará nenhuma reprogramação da experiência vivenciada, não produzirá transformação. A informação armazenada, se não for trabalhada, de nada nos servirá, ou seja, será apenas mais uma informação.

Esse cenário muda quando nos permitimos pensar sobre o fato – pensar, questionar, desenvolver a habilidade de ressignificar uma experiência traumática em algo bom.

A mente pode ficar aprisionada a experiências de dor do passado e arraigar no coração sentimentos de medo e ansiedade, frustrações e decepções. Seja por essa ou por outras razões adicionadas a essas experiências, nós travamos, ficamos paralisados, paramos de tentar soltar a corda ou arrancar a estaca do chão, do mesmo modo que o elefantinho.

Ainda hoje, embora sejamos homens e mulheres que nos tornamos "gente grande", seguimos acorrentados aos traumas da alma e ficamos presos como crianças pequenas cultivando a impotência de uma força externa que, embora provisória, atrofiou a esperança de nosso ser.

> A esperança que se adia faz adoecer o coração, mas o desejo cumprido é árvore de vida. (Provérbios 13:12)

A Wikipédia define esperança da seguinte maneira: "Esperança é uma crença emocional na possibilidade de resultados positivos relacionados com eventos e circunstâncias da vida pessoal. [...] requer uma certa perseverança – i.e., acreditar que algo é possível mesmo quando há indicações do contrário. [...]"[17]

Quero lhe dizer que é possível romper as estacas emocionais que o paralisaram até hoje e o impedem de viver seu propósito.

> Se, pois, o Filho vos libertar, verdadeiramente sereis livres. (João 8:36)

---

[17] Esperança. *Wikipédia*. Disponível em: https://pt.wikipedia.org/wiki/Esperan%C3%A7a. Acesso em: 9 ago. 2022.

Essa libertação começa na mente.

> E não sede conformados com este mundo, mas sede transformados pela renovação do vosso entendimento, para que experimenteis qual seja a boa, agradável, e perfeita vontade de Deus. (Romanos 12:2)

Como diz a psicóloga estadunidense Carol Dweck, em *Mindset: a nova psicologia do sucesso*: "os mindsets são uma parte importante de sua personalidade, mas você pode modificá-los" (página 55). "Uma das maiores descobertas na psicologia nos últimos 20 anos é que os indivíduos podem escolher a sua forma de pensar".[18]

Você pode reprogramar sua mente, seu modo de pensar e de agir.

Em *Metanoia*, o bispo J. B. Carvalho relata: "O seu problema não é o seu passado, mas suas crenças atuais".[19]

Há na psicologia várias técnicas e intervenções que podem nos auxiliar nessa reprogramação. Entre autores e pesquisadores renomados que ensinam essa reprogramação e nos instrumentalizam para isso, posso citar Caroline Leaf, Daniel Goleman, Martin Seligman, entre outros que abordam o tema. Contudo, acredito de verdade que, se a decisão de ser livre não partir conscientemente do seu coração, você jamais produzirá uma vida de liberdade, mesmo tendo acesso ao conteúdo dos profissionais citados e de muitos outros.

Sua atitude em querer ser livre muda tudo!

Quando Jesus curou um paralítico no tanque de Betesda (João 5:1-15), deu uma ordem, e o homem levantou-se e andou, porque acreditou na palavra de Jesus. Motivado pela fé, ele obedeceu à ordem e agiu.

Muitas vezes, Jesus vem até nós e, diante Dele, mostramos nossas impossibilidades. Agimos assim por causa da estaca emocional que nos adoece e aprisiona.

---

[18] DWECK, Carol S. *Mindset:* a nova psicologia do sucesso. São Paulo: Objetiva, 2017.
[19] CARVALHO, J. B. *Metanoia:* a chave está em sua mente. São Paulo: Chara, 2018. p. 52.

DEVOCIONAL

O paralítico, ao ver Jesus e ser indagado por Ele se desejava ser curado, responde, em um primeiro momento, que não pode obter a cura porque não tem agilidade para se locomover em direção às águas do tanque, em tempo hábil. Depois, porém, crê em Jesus e, por meio da fé, obedece à ordem.

A estaca emocional nos impossibilita de avançar porque nos prende àquilo que não temos em vez de nos encorajar a agir por fé perante aquilo que temos.

O paralítico não tinha força nas pernas, mas tinha pernas; não podia alcançar as águas em tempo hábil, mas estava no lugar em que o milagre acontecia; estava acorrentado à estaca de morte, mas diante do Autor da VIDA!

Mude sua perspectiva. Hoje, Jesus o convida a levantar-se e a andar. Estique as pernas e caminhe rumo ao propósito de Deus para você!

Quando você se levanta e anda, a corda que o aprisionava é esticada, a estaca, arrancada, e você se torna livre!

ORAÇÃO FINAL

Pai, em nome de Jesus, eu declaro: SOU LIVRE DAS ESTACAS EMOCIONAIS que me aprisionaram por tanto tempo! Estou diante de Jeová Rafá, o Deus que cura, e recebo Sua palavra em meu coração. Decido me levantar, e andar, e correr, e avançar rumo à vida que tens para mim.

Declaro que sou livre em Ti. Declaro que rompo os pensamentos distorcidos a meu respeito; rompo com meu passado e com as escolhas que aprisionaram minha mente por tantos anos. Recebo a cura e Tua palavra. Decido agir por fé e viver uma nova vida em Cristo! Amém!

Princípio 5

Viva o milagre

MILAGRES SÃO
ATOS DE AMOR
DAQUELE QUE É O
PERFEITO AMOR: JESUS.

– AMANDA VERAS

DEVOCIONAL

Então Jesus lhe disse: "Porque me viu, você creu? Felizes os que não viram e creram". Jesus realizou na presença dos seus discípulos muitos outros sinais milagrosos, que não estão registrados neste livro. Mas estes foram escritos para que vocês creiam que Jesus é o Cristo, o Filho de Deus, e, crendo, tenham vida em seu nome.

– João 20:29-31

Você que está lendo este devocional vive agora, neste milésimo de segundo, um milagre chamado VIDA!

Muitas vezes, não reconhecemos como milagre a dádiva de viver; achamos que milagre se resume a ressuscitar mortos, quando, na realidade, o milagre acontece a cada instante, no pulsar do nosso coração, quando nosso pulmão se enche de ar, quando vemos alguém sorrir, quando abraçamos alguém que está a chorar. Milagres são pequenos atos que vivenciamos, de grande impacto em algo chamado vida.

No livro *A bailarina de Auschwitz*, a psicóloga Edith Eva Eger, sobrevivente de um campo de concentração nazista, compartilha muitos milagres vivenciados durante o período em que fora prisioneira em Auschwitz. Em seus relatos, pude perceber que os maiores milagres vividos por ela foram a ressignificação e a cura dos traumas emocionais que a atormentaram por tantos anos. Eger compartilha que, se desejamos ser curados de nossos traumas, precisamos "dar nome à angústia e descobrir sua cura". Nomear o que sentimos precede a identificação do sentimento, e só conseguimos identificar algo quando nos permitimos senti-lo.

Talvez o milagre comece a acontecer quando nos tornamos capazes de reconhecer a dor e entender o que sentimos, para que, a partir deste ponto, tenhamos condições de aprender a lidar com as feridas da alma, os traumas emocionais.

Abraçar a cura de nossas emoções é desafiador, porque, para isso, precisamos tocar a alma, o centro de tudo o que sentimos. Nosso cérebro oculta de forma profunda as experiências traumáticas, e desvendá-las é, certamente, despertar a dor de reviver momentos de desespero, mas só assim seremos curados.

Em meus atendimentos como psicóloga clínica, costumo dizer que mergulhar no oceano da alma requer coragem de ser surpreendido. Nesse mergulho, podemos encontrar belezas imensuráveis, como peixinhos coloridos e exóticos no fundo do mar, como também nos surpreender com moreias escondidas em nosso ser, que nos fazem rastejar aprisionados a um passado que não conseguimos superar, por estarmos arraigados ao orgulho, à falta de perdão e à dependência emocional – a tudo que impede que o milagre aconteça.

Ao escrever este devocional, minha intenção não é de que você se depare com uma mulher que venceu todos os desafios emocionais apresentados neste livro, mas, sim, com uma filha de Deus, uma mulher que, igual a você, vive na consciência de suas fraquezas e na dependência de Deus para a superação de cada desafio da alma, rumo a ser livre de tudo que a aprisiona e a impede de avançar no propósito de Deus, para viver uma vida de milagres.

Oro para que, de algum modo, este devocional traga bênçãos à sua vida; rogo para que suas emoções sejam constantes e o levem a uma jornada de fé corajosa, dependente apenas de Deus e livre, verdadeiramente livre, das prisões do orgulho, da falta de perdão e da dependência emocional.

DEVOCIONAL

Livre do orgulho

" Ele revela o profundo e o escondido; conhece o que
está em trevas, e com ele mora a luz."
– Daniel 2:22

Vamos pensar no orgulho como as duas faces da mesma moeda. Eu jamais pensara assim antes. Ao contrário, relacionava o orgulho diretamente a sentimentos de soberba e arrogância, talvez porque fosse esse o lado visível da moeda naquele momento de minha vida. Todavia, pelo fato de abominar pessoas soberbas, eu não percebia que estava agindo da mesma forma.

É muito comum tentarmos eliminar alguns sentimentos de nossa vida e até fugir da constatação de que os sentimos. Mas, sim, podemos sentir sentimentos os quais repudiamos e conviver com eles; afinal, tudo tem um porquê, mesmo que ainda desconhecido para nós.

No entanto, não se desespere nem fique chocado com o que está lendo. Maiores que os sentimentos que reprovamos e que podem habitar nossa alma momentaneamente são a presença constante e a habitação permanente do Espírito Santo de Deus em nós. É Ele quem revela o oculto e o traz à luz para ser tratado e curado (Lucas 8:17).

Não sei se você já passou por momentos desafiadores na vida. Quanto a mim, passei por alguns, e, à medida que iam acontecendo e sendo vencidos, eu achava que não poderia surgir um desafio ainda maior. Ledo engano!

Sabe, não é impossível nos enganarmos; ao contrário, é muito mais fácil do que parece.

Nós nos enganamos achando que somos humildes, quando, muitas vezes, agimos com soberba; quando tentamos ocultar o que sentimos ou sufocamos os sentimentos, achando que assim estaremos resolvendo todos os nossos problemas. Isso, na realidade, apenas potencializa a capacidade de esses sentimentos crescerem e criarem raízes em nosso coração.

Hoje, no entanto, especificamente, quero falar do sentimento orgulho; da face da moeda que traz dor, fere e nos leva a agir com violência.

O orgulho tem um lado que representa o reconhecimento por um trabalho bem desempenhado e traz satisfação. Mas o orgulho sobre o qual escrevo neste devocional é aquele incompatível com a presença de Deus, porque nos torna insensíveis à Sua voz, nos faz achar que somos donos da verdade, e, geralmente, nesses momentos, tendemos ao julgamento e à vitimização.

"Será que só eu estou vendo dessa maneira? Todos estão certos, e eu, errado?" Esse tipo de pensamento orgulhoso quer nos colocar como centro da razão, no qual sempre nossa opinião é a correta. E questionar isso, colocando-se em posição de vítima, é terrível. É como cavar um buraco e entrar nele. À medida que as pessoas concordam com você e passam a mão em sua cabeça, consentindo com seu vitimismo, você vai cavando mais fundo o buraco do orgulho e se enterrando cada vez mais, até o momento em que terá chegado ao fundo do poço. Nesse ponto, quase não se ouve mais a voz das pessoas nem se vê a luz do sol. Cabisbaixo na escuridão, com a pá na mão, o buraco está fundo demais para que alguém possa resgatá-lo.

Contudo, não existe lugar tão obscuro ou profundo que Deus não possa achar você. Se o buraco cavado por você mesmo o levou ao isolamento, hoje é o dia de você se ver livre do orgulho!

> Eis que a mão do SENHOR não está encolhida, para que não possa salvar; nem agravado o seu ouvido, para não poder ouvir. (Isaías 59:1)

Deus pode resgatar você do lugar mais profundo em que estiver, do buraco mais escuro em que se encontrar, mas, para isso, é necessário que você reconheça seus pecados, os confesse a Deus e arrependa-se das escolhas que o afastaram Dele e de Sua presença.

> Se confessarmos os nossos pecados, ele é fiel e justo para nos perdoar os pecados, e nos purificar de toda a injustiça. (1 João 1:9)

Quando confessamos a Deus nossos pecados, além de sermos perdoados, somos purificados da injustiça produzida.

> E os purificarei de toda a sua maldade com que pecaram contra mim; e perdoarei todas as suas maldades, com que pecaram e transgrediram contra mim. (Jeremias 33:8)

O perdão de Deus liberta, traz paz ao coração, torna-nos livres dos pensamentos orgulhosos e de nossas transgressões.

> Confessei-te o meu pecado, e a minha maldade não encobri. Dizia eu: Confessarei ao Senhor as minhas transgressões; e tu perdoaste a maldade do meu pecado. (Selá.) (Salmos 32:5)

Abrir a boca e confessar os pecados exige coragem; é como sermos encontrados no buraco que cavamos em decorrência do nosso orgulho, e, na escuridão dos nossos pecados, Jesus invadir esse espaço e trazer luz e clareza às nossas escolhas, aos erros que cometemos, forjando, assim, a aliança que fora quebrada.

Certa vez, li uma frase que fez muito sentido para mim: "Orgulho é uma arrogância para proteger a nossa fraqueza interior e aparecer mais forte do que a realidade".

Eu estava sendo orgulhosa, no sentido pejorativo do termo. Desde criança, sempre fui muito mimada, queria as coisas do meu jeito.

Você se identifica com esse comportamento?

"Orgulho é o veneno que nos cega quando tentamos olhar algo que precisamos melhorar." (Teo Capitrano)

Nem toda porta aberta vem de Deus; é preciso discernimento para entrar pela porta que Ele abriu e ser grato por aquelas que Ele fecha.

Quais portas Deus tem fechado em sua vida? Como você tem recebido o fechar de portas Dele? Será que o orgulho tem estado em seu coração?

No Salmo 139, o salmista pede a Deus que sonde seu coração. Outro dia, estava pensando nisso e me dei conta de que há sentimentos e pensamentos ocultos em nossa alma que nenhum exame de imagem é capaz de captar. Nesse caso, apenas Deus pode fazê-lo, uma vez que nos conhece intimamente. Então, por que fugir Dele? Por que achar que é possível esconder algo de Deus? Por que agir assim?

Há coisas em relação a nós que nos trazem tanta dor e constrangimento que preferimos nem pensar nelas, mas tentar escondê-las é inútil. Se queremos ser livres de verdade de tudo aquilo que nos afasta de Deus, precisamos fazer igual ao salmista e clamar a Ele: Deus, faça um *checkup* em minha alma!

Talvez Deus possa mostrar a você o câncer do orgulho que está em seu coração e curá-lo, de fato!

Sobre ser livre do orgulho, Deus ainda o está tratando em meu coração enquanto escrevo este devocional. Sim, aos poucos estou sendo liberta do orgulho que eu julgava não ter.

Certa vez, em uma viagem em família, meu marido e eu estávamos tomando café. A Bíblia estava ao meu lado da mesa, e eu o convidei para participar do meu devocional. Eu estava lendo 2 Reis, e, naquele dia, a leitura era no capítulo 5: Naamã é curado de lepra.

Naamã era chefe do exército sírio, homem respeitado, grande servo de seu senhor. Contudo, apesar de todo prestígio e valor diante do rei e de todo exército, ele era leproso. A história nos conta que, por intermédio de uma menina, serva de sua esposa, Naamã foi informado de que a possível cura estava ao seu alcance, mas, para isso, precisaria recorrer a um profeta (homem de Deus) que estava em Samaria.

Ao ouvir isso, Naamã agiu e foi atrás de tudo que era necessário para viver seu milagre.

Você já vivenciou algo parecido? Uma enfermidade física ou emocional que só um milagre pode curar?

Para viver uma vida de milagres, é preciso movimento, sair do lugar em que estamos e marchar em direção ao que Deus liberou e preparou para nós. Contudo, esse movimento tem que estar alinhado à direção de Deus.

Naamã tinha uma direção. E você, também tem uma direção para se mover em busca do milagre de Deus que tanto deseja?

Naamã agiu, mas, ao chegar ao local em que o profeta estava, sentiu-se desrespeitado. O profeta não foi vê-lo, apenas enviou-lhe a instrução.

> Veio, pois, Naamã com os seus cavalos, e com o seu carro, e parou à porta da casa de Eliseu.
>
> Então Eliseu lhe mandou um mensageiro, dizendo: Vai, e lava-te sete vezes no Jordão, e a tua carne será curada e ficarás purificado. (2 Reis 5:9-10)

Em vez de celebrar o que estava perto de alcançar, Naamã indignou-se com a instrução do profeta e o tratamento comum que recebera. Em razão de seu status, esperava tratamento diferenciado. Como alguém com o coração repleto de orgulho, ele pensava merecer mais.

Antes que você pense "Que absurdo!", quero encorajá-lo a sondar o próprio coração. Será que você também não tem agido como Naamã, nutrindo um senso de valor pessoal elevado? Criando expectativas de tratamento diferenciado pela posição que ocupa?

À época, o Jordão era um rio simples. Certamente, Naamã criou expectativas altas demais em relação ao seu milagre, as quais iam muito além de se banhar no Jordão (2 Reis 5:12). Mas Deus não vê como o homem vê; Deus vê o coração (1 Samuel 16:7).

Naamã precisava passar por outro processo de cura antes de receber o milagre da cura da lepra.

A humilhação curou o orgulho, lepra da alma, antes de curar a lepra física.

Naamã obedeceu ao profeta, banhou-se sete vezes no rio Jordão e foi curado.

Deus pode e usa tudo para cumprir Seu propósito em nossa vida, desde que não desprezemos nem coisas nem pessoas que julgamos "pequenas" e "sem valor".

Obedecer a Deus requer atitude de humildade, exige obediência.

Ao terminar o devocional, olhei para meu marido e perguntei a ele:

– Será que também temos sido e agido como Naamã, com orgulho no coração?

Não demorou para que nossa resposta ressoasse em alto e bom som:

– Sim!

Nesse dia, oramos e pedimos a Deus que limpasse a lepra do orgulho de nossa alma. Aprendi que, quando pedimos algo a Deus com sinceridade, ele nos ensina por meio da palavra e também de forma prática.

O orgulho não saiu de todo do nosso coração, assim como talvez ainda não tenha saído do seu. Mas o fato é que, se persistirmos em fé, buscando a face de Deus, orando e jejuando, por certo estaremos mais sensíveis à Sua direção e mais dispostos a seguirmos em obediência a Ele.

Estamos em processo de cura para sermos livre do orgulho, então oremos a Deus, reconheçamos as áreas de nossa vida que precisam ser trazidas à luz para que haja cura e sigamos na direção de Deus, em obediência, para sermos verdadeiramente livres do orgulho.

ORAÇÃO FINAL

Como o salmista clama em Salmos 139:23-24: "Sonda-me, ó Deus, e conhece o meu coração; prova-me, e conhece meus pensamentos. E vê se há em mim algum caminho mau, e guia-me pelo caminho eterno".

Deus, desejo ser livre do orgulho, desse sentimento que atrasa minha caminhada contigo, assim como das mentiras pelas quais minha alma ainda é alimentada. Traga à minha mente a raiz do orgulho que adentrou o solo do meu coração e ali cresceu.

Oro a ti e clamo: extirpa desse solo o que não é bom aos Teus olhos, o que me afasta de Ti. Quero seguir guiado(a) pelos Teus caminhos, pela verdade e pela paz.

Hoje, declaro que minha mente é livre do orgulho, em nome de Jesus. Amém!

DEVOCIONAL

LIVRE DO ORGULHO (TEXTO 2)

Enquanto lia os livros de 1 e 2 Reis na Bíblia, algo me chamou a atenção. Por várias vezes, a Bíblia relata que os reis de Israel e de Judá, cada um, a cada ano, a cada estação, com algumas exceções, fizeram o que era mau aos olhos do Senhor.

Confesso que, durante a leitura, sempre que lia esse trecho, meu coração apertava, e uma interrogação emergia em meus pensamentos: "Como outros reis fizeram o que era mau? Eles não sabiam quem era Deus? Por que agiram assim?".

A leitura bíblica de 1 e 2 Reis segue acompanhada de relatos de inúmeras atrocidades, como reis que sacrificavam os filhos, adotando práticas e costumes religiosos pagãos de outros povos, como aconteceu com o rei Acaz (2 Reis 16:1-20). E todas as vezes que o rei se afastava do Senhor, o povo perecia.

Quando os justos florescem, o povo se alegra; quando os ímpios governam, o povo geme. (Provérbios 29:2)

Meu coração se enche de temor ao digitar essas palavras, pois é necessário guardarmos o coração em Deus para não nos contaminarmos com a influência do mundo e do pecado e sermos sal na terra (Mateus 5:13).

Quando falo isso, talvez você possa pensar: "Ah, que absurdo! Como assim? Amo Jesus, então é impossível me afastar Dele!".

Não se deixem enganar: "As más conversações corrompem os bons costumes". (1 Coríntios 15:33)

Que más conversações são essas?

De acordo com o dicionário bíblico Strong, más conversações "são palavras de natureza perversa, destrutiva, venenosa, que contaminam e danificam algo em nosso interior, que afetam o caráter e a moral do indivíduo"[20].

Ocorre que, quando estamos feridos na alma, as más conversações chegam até nós como algo que queremos ouvir em relação aos nossos erros, para justificar nossa atitude pecaminosa e reafirmar "Estou certo!", mesmo sabendo que estamos completamente errados. O pecado faz isso: distorce nossa visão.

Quando uma ferida cresce em nosso coração, talvez por alguma rejeição ou decepção, a tendência natural do ser humano é se juntar a pessoas igualmente feridas; afinal, pensamos que elas vão entender, na mesma proporção, o que estamos passando.

Mas, nesse caso, pessoas feridas não têm condições de cuidar umas das outras, pois podem alimentar ainda mais o processo de inflamação da ferida.

Se você deseja ser curado e ter a ferida cicatrizada, lembre-se de se afastar de pessoas emocionalmente adoecidas, que vão nutrir as más conversações, porque, por certo, vão falar o que você quer ouvir para alimentar o desejo de que você está certo e quem o feriu está errado. Isso, de fato, pode até ser verdade; você pode ter sido ferido. Mas a questão não é o que eu ou você achamos ou pensamos sobre quem nos feriu, porém qual será minha conduta diante disso: mergulhar na dor ou buscar a cura em Deus?

> Venham, voltemos para o Senhor. Ele nos despedaçou, mas nos trará cura; ele nos feriu, mas sarará nossas feridas. (Oseias 6:1-3)

Como assim, Deus fez a ferida? Sim, muitas vezes, Deus permite que as feridas nos atinjam, porém não para nos fazer parar, mas, sim, para tratar nossa alma.

Deus quer curar nossas feridas e as aflições pessoais que nos acometem.

---

[20] Almeida Revista e Atualizada (RA) Copyright (c) 1959, 1993, Sociedade Bíblica do Brasil. Todos os direitos reservados Léxico Hebraico, Aramaico e Grego de Strong.

Devocional

Pessoas feridas ferem; pessoas curadas são instrumentos nas mãos de Deus.

Perceba que, para ferir, basta agirmos enquanto ainda estamos adoecidos, mas, para conseguirmos a cura e ficarmos bem, apenas com a intervenção divina.

Diante do exposto, seguem algumas perguntas para reflexão:

- Quem tem me influenciado?
- Que voz tem falado ao meu coração?
- Em que tenho me debruçado para aprender e adquirir conhecimento?

Veja o que a Bíblia fala das más companhias:

> O meu povo foi destruído, porque lhe faltou o conhecimento; porque tu rejeitaste o conhecimento, também eu te rejeitarei, para que não sejas sacerdote diante de mim; e, visto que te esqueceste da lei do teu Deus, também eu me esquecerei de teus filhos. (Oseias 4:6)

Quando colocamos nossas expectativas em pessoas, há uma grande chance de nos decepcionarmos.

Quando queremos agradar às pessoas, corremos o risco de, assim como os reis, que substituíram o Senhor por reis pagãos, substituir o lugar de Deus no nosso coração, permitindo que outros amores invadam e ocupem o lugar Dele.

Lembro-me de um período particularmente desafiador em minha vida, no qual um sofrimento emocional muito intenso foi gerado. Diante disso, posso escrever que há cânceres na alma tão devastadores quanto aqueles no corpo. E, quando não os tratamos, isso gera uma metástase que atinge outras pessoas, outros ambientes, e pode destruir nações inteiras.

Deus permitira que a ferida alcançasse minha alma, mas por um propósito muito maior, que eu ainda desconhecia. Ele estava tratando o orgulho do meu coração.

Sim, descobri que era orgulhosa, tão orgulhosa a ponto de não querer admitir que o orgulho fazia parte da minha vida. Acreditem se quiser, mas cheguei a devolver o valor integral de uma oferta que recebi de uma igreja, e a razão não fora outra senão o pensamento: "Não preciso desse dinheiro. Deixe-me ajudar quem precisa".

Em 2018, fui passar meu aniversário no Kansas, nos Estados Unidos, na casa dos queridos amigos pastores Rafael Conrado e Aline. Em um dia, eu e Alciomar fomos assistir à apresentação escolar dos filhos dos pastores, e lembro como se fosse hoje nossa conversa com o pastor no carro. Falei de uma experiência recente, em que fui compartilhar meu testemunho em uma igreja (foi uma bênção!). Ao final do culto, uma irmã aproximou-se de mim, estendeu a mão em minha direção e disse:

– Irmã, a igreja gostaria de abençoar sua vida e honrá-la de alguma maneira. O valor não é muito, mas vai ajudar na gasolina.

Então, ela me entregou um pequeno envelope.

Gente, eu não sabia como agir nem o que fazer.

Eu trabalhava nessa época, e, graças a Deus, tínhamos boa condição financeira. Na hora, apenas agradeci à irmã e disse a ela com muita delicadeza e amor:

– Oh, irmã querida, muito obrigada. Não se incomode, não precisa… De verdade, irmã, não precisa…

E fui devolvendo o envelope a ela.

Eu queria gravar um áudio para que você pudesse ouvir minha voz trêmula, gaguejando essas palavras aos pronunciá-las.

Não se tratava do valor. Não era isso. Na realidade, tratava-se do orgulho em meu interior. Eu simplesmente não sabia receber!

Eu não sabia receber um ato de generosidade, porque estava acostumada a servir e a doar, e isso é lícito, tudo bem. Mas a disfuncionalidade do meu pensamento estava no ato de não querer receber.

Bem, acabei recebendo a oferta e fui para casa com sentimento de muito constrangimento no coração.

Quando relatei esse fato ao pastor amigo, e alguns outros episódios sobre como reagia quando alguém queria me abençoar, ele disse:

– Filha, você é orgulhosa!

E sabe o que fiz diante dessa afirmação? Respondi:

– Eu? Orgulhosa? De jeito nenhum, pastor! Que é isso!

– Sim, filha, orgulhosa – ele reafirmou. E continuou: – Cuidado, Amanda! Quando Deus quer nos ensinar pelo amor e não aprendemos, há ainda o caminho da dor. Não queira ir por esse caminho para aprender a receber.

Baixei o rosto, respirei fundo e disse:

– Deus me livre, pastor! Vou aprender a receber.

Mas quem disse que isso acontece de uma hora para outra?

Assim como o versículo de Oseias citado anteriormente, no qual o Senhor faz a ferida para um propósito, Ele também oferece a cura.

O tempo passou, e quatro anos após essa visita eu e minha família retornamos ao Kansas para comemorar mais um aniversário meu. Eu estava superfeliz! Seriam dias de descanso, na presença de Deus, em que buscaria uma direção do Alto para a estação que eu estava vivendo e para um novo ciclo de vida.

Em determinado dia, nos organizamos para ir ao estádio em que aconteceria o The Send, grande evento missionário do estado.

Essa viagem não fora programada com muita antecedência; na realidade, a ideia surgiu em uma sexta-feira à noite, quando eu e Alciomar recebemos em nossa casa dois casais amigos, e, durante a conversa, com o notebook em mãos, eu disse quanto queria viajar. Comecei a fazer pesquisas no site de algumas companhias aéreas, até que constatei, para minha surpresa, que as milhas que tínhamos eram suficientes para uma viagem internacional.

Despretensiosamente, comecei a comprar as passagens e usar como pretexto o The Send e, claro, meu aniversário.

E não foi que deu certo? Em seguida, os outros dois casais ficaram empolgados, e o jantar terminou com os bilhetes de uma viagem coletiva emitidos.

"Diria eu que o que o homem realmente quer, em derradeira instância, não é a felicidade em si mesma, mas, antes, um motivo para ser feliz."

– Viktor Frankl

DEVOCIONAL

Ah, essas são coisas que só Deus faz!

Por se tratar de uma viagem internacional, cotada em dólar, com essa moeda valendo cinco vezes mais que o real, eu e Alciomar julgamos prudente seguir o plano financeiro que havíamos traçado: NADA DE COMPRAS. Seria uma viagem bem enxuta em termos de despesas.

Eu estava tão feliz em poder viajar que isso não importava. Conseguiria vencer a tentação de não comprar nada! E quem me conhece sabe como sou (risos!).

A viagem foi ótima! Os passeios, os devocionais, a companhia de amigos... Foi uma viagem leve e muito divertida.

Ajudei minhas amigas nas compras e me alegrei demais em poder auxiliá-las. E na véspera do retorno de nossa viagem estávamos no The Send.

Eu estava superfeliz por estar ali recebendo muito de Deus por intermédio de ministros da palavra que tanto me inspiram.

Por volta das quatro da tarde, estávamos sentados na arquibancada do estádio no local mais alto disponível, e o clima era semelhante ao de Teresina: um calor capaz de fritar um ovo no chão!

Fui com o Alciomar comprar água. Descemos pelo elevador do estádio até o piso. Começamos a circular, e todos os locais em que parávamos para comprar água não aceitavam dinheiro, apenas cartão. Eu dizia ao Alciomar "Meu amor, vamos procurar outro lugar que aceite dinheiro. Temos tantas moedas...".

Andamos bastante, e nada de encontramos um lugar que aceitasse dinheiro. Até que vi uma pequena estrutura, na qual estava escrito: *water and fresh limonade* (água e limonada fresca).

Ah, com o calor que fazia, claro que eu também queria uma limonada! Mas a fila estava enorme, e estávamos bem cansados.

Então, eu disse a Alciomar que voltasse ao local onde estávamos sentados que eu compraria nossas bebidas. Ele assentiu, entregou-me o cartão por precaução e voltou ao nosso lugar no estádio.

A fila foi andando com certa rapidez, até que chegou minha vez. Eu, com meu inglês que só Deus entende, pedi água e limonada. Ao estender a mão com o dinheiro, a atendente disparou uma torrente de palavras, mas só entendi o final: *no cash* (não aceitamos dinheiro). Aí pensei: *OH, MY GOD!*

O lugar não aceitava dinheiro, e eu esperara na fila por tanto tempo... até que me lembrei de que, NO PROBLEM, eu estava com o cartão do Alciomar.

Entreguei o cartão à mulher e, no instante em que ela foi passá-lo, aconteceu algo com a máquina de suco, então ela olhou para mim, com o cartão em mãos, e desembestou a falar. Fingi que a compreendia, a fila começou a aumentar, e nada de ela passar meu cartão. Até que consegui entender que a máquina quebrara, e que a mulher só poderia me vender água. E eu, com toda a minha fluência no idioma local, disse:

– *OK, NO PROBLEM!* (risos!)

No entanto, em meio a toda essa agonia, esqueci a senha do cartão de crédito. A mulher me pediu para digitá-la, e, por misericórdia divina, eu disse EM INGLÊS que havia me esquecido, mas que meu marido estava chegando para me ajudar.

Peguei a mochila e fui ligar para o Alciomar. Só que o celular dele estava nela!

Pensei: "Meu Deus, que luta!".

Então, o rapaz que estava atrás de mim na fila, ao ser atendido, disse algo à atendente, e ela sorriu e olhou para mim. Compreendi que ele pagaria minha água.

Minha primeira reação foi dizer "Não, não precisa".

Olhei para aquele homem e disse em português, depois em inglês:

– Não precisa, meu marido está vindo.

Ele vestia uma blusa que dizia: oração 24 × 7.

Entendi que se tratava de alguém de oração.

Então, escutei Deus falar ao meu coração: "Embora não tenha limonada, você não ficará com sede. Sua necessidade será suprida! Filha, deixe de orgulho! Você precisa entender que, de que você precisa, já dei ordem no céu para você receber!".

Comecei a chorar e a agradecer ao homem por pagar a água.

DEVOCIONAL

Enquanto caminhava para a arquibancada, eu chorava, e o Espírito Santo continuava a ministrar ao meu coração:

Sou teu provisor.
Sou teu marido.
Sou tua provisão, e lhe darei o que você precisa.
Talvez não sobre para a limonada, mas você jamais ficará com sede!
O que mata a sede?
Limonada ou água?
Limonada não mata a sede, é um refresco!
É a água que sacia nossa sede!

> Jesus respondeu, e disse-lhe: Qualquer um que beber desta água tornará a ter sede;
> Mas aquele que beber da água que eu lhe der nunca terá sede, porque a água que eu lhe der se fará nele uma fonte de água que salte para a vida eterna. (João 4:13-14)

Nem preciso continuar a dizer como eu estava, né?

Chorei demais, e minhas lágrimas amoleciam o solo endurecido do meu coração repleto de orgulho.

> Antes, ele dá maior graça. Portanto diz: Deus resiste aos soberbos, mas dá graça aos humildes. (Tiago 4:6)

De acordo com o site Significados, soberbo é "[...] aquele indivíduo considerado orgulhoso, altivo, que está dominado pela arrogância. [...]".[21]

Sim, eu precisava ser livre do orgulho e da altivez que ocupavam meu coração.

Ao longo da história que mencionei no início deste devocional, os reis pecaram, fizeram o que era mau aos olhos do Senhor e influenciaram

---

[21] O que é soberba. *Significados*. Disponível em: https://www.significados.com.br/soberba/. Acesso em: 10 ago. 2022.

negativamente muitas pessoas. Por certo, também foram influenciados pelas más conversações dos povos cananeus e por tantas outras culturas pagãs que os levaram a uma vida de pecado, vaidade, orgulho e afastamento de Deus.

Em alguns momentos, eu me via horrorizada com a conduta desses reis e os relatos bíblicos sobre eles, até que compreendi que eles haviam pecado por influência dos pais, das vozes de autoridade na vida deles, vida esta que, destruída pelas atitudes e escolhas dos antecessores, levou toda a nação à destruição.

Refleti que também sou pecadora, e que o orgulho é algo pelo qual luto para ser livre. Percebi que necessito da misericórdia de Deus para ser livre dele. Reconhecer essa cadeia e orar para ser livre dela é permitir que minha descendência desfrute das bênçãos de Deus. Para isso, é preciso clamar a Deus que revele as áreas ocultas do nosso coração e ministre a cura que só Ele pode conceder.

> Ele revela o profundo e o escondido; conhece o que está em trevas, e com ele mora a luz. (Daniel 2:22)

Servir é o remédio para o orgulho.

Sirva com amor às pessoas, e certamente você aprenderá, como tenho clamado a Deus que me ensine, que, quando servimos por amor a Cristo, a recompensa vem do Alto.

Jesus é o modelo perfeito e nos ensina a amar, a servir e a ser humilde.

> Seja a atitude de vocês a mesma de Cristo Jesus,
> que, embora sendo Deus, não considerou que o ser igual a Deus era algo a que devia apegar-se;
> mas esvaziou-se a si mesmo, vindo a ser servo, tornando-se semelhante aos homens.
> E, sendo encontrado em forma humana, humilhou-se a si mesmo e foi obediente até a morte, e morte de cruz! (Filipenses 2:5-8)

ORAÇÃO FINAL

Pai, meu coração é Teu. Toma-o em Tuas mãos e me ensina a desenvolver um coração manso e humilde como o Teu. Em nome de Jesus, oro para ser livre do orgulho; que meu coração possa ser limpo por Ti, e as raízes de altivez, geradas, muitas vezes, pela ferida da rejeição, possam, na autoridade de Cristo, ser extirpadas do meu coração. Jesus, oro e clamo a Ti pelo milagre da cura nessa área de minha vida. Que meu coração seja generoso para doar, mas que também esteja pronto para receber. Sabendo que tudo vem de Ti, forja meu caráter em Ti, imprime Tuas digitais em meu ser, restaurando as áreas escuras da minha alma e desenvolvendo em mim um coração manso e humilde como o Teu.

Em nome de Jesus, oro e declaro por fé, hoje, que sou livre do orgulho. Amém!

Livre da falta de perdão

Quem nos convence a perdoar? Eis a questão.
Em geral, feridos pelo ofensor, posicionamo-nos como
detentores da razão e, diante disso, passamos a julgar.
Julgamos tudo aquilo que não perdoamos.

A falta de perdão é igual a um vulcão em erupção, que libera lava e destrói tudo à frente. Antes de um vulcão entrar em erupção, ele fica sob pressão; em seu interior, há acúmulo de lava e gás que ele não consegue mais suportar.

Assim também somos nós perante situações nas quais nos sentimos ofendidos ou diante de pessoas que nos decepcionam. Nutrimos, no íntimo, a lava da falta de perdão e explodimos, perante a pressão da alma, com pensamentos destrutivos do tipo: "Não posso acreditar que fulano agiu assim e me traiu!"; "Não aceito essa decepção vinda de quem veio"; "Perdoar quem me agrediu? Jamais!".

A falta de perdão pode acontecer de várias maneiras: por agressores desconhecidos ou por amigos, familiares, pessoas próximas etc. Contudo, creio que ela atinge o pico e entra em erupção quando a situação desencadeadora dela acontece por meio de alguém a quem muito amamos.

O ressentimento impede o perdão. E não é saudável espiritualizar tudo aquilo que sentimos, porque muitos desses sentimentos são controversos ao processo de ressignificar as dores. Ao agirmos assim, a ferida não cicatriza.

A falta de perdão gera um câncer na alma, fere mais fundo e torna-se ressentimento, porque ficamos remoendo a situação. Recusamo-nos a acreditar que, sim, as pessoas que amamos também podem nos ferir bastante.

O olhar para o perdão precisa começar em nós: nos perdoando e nos amando.

Lembro-me de que, assim como a experiência que vivi no tratamento oncológico, que durou nove meses, o perdão também exige tempo de maturação, de tratamento, de descanso, além de nova visão a nosso respeito.

Perdoar é uma decisão, mas é, igualmente, um ato de coragem, de preservação do jardim da alma, não permitindo brotar nele as raízes da amargura e do ressentimento.

Sim, as pessoas nos decepcionam e nos frustram, mas também as frustramos e decepcionamos. O fato é em QUEM tenho depositado minhas expectativas e ONDE tenho andado?

O perdão é minha decisão diária, tanto ao meu ofensor quanto a mim mesma. Às vezes, por causa da rigidez, sou mais carrasca comigo mesma que o próprio ofensor. É demasiadamente desafiador crermos que a flecha que nos feriu partiu de quem tanto amamos, mas a essência por trás dessa frustração é EM QUEM TENHO DEPOSITADO GRANDES EXPECTATIVAS?

Se minhas expectativas estão em Deus, não serei decepcionada. Se tudo que realizo e faço é por Ele e para Ele, certamente não me ferirei. No entanto, nas relações humanas, nutrimos, de forma horizontal, expectativas que são alcançadas na verticalidade da nossa relação com Deus.

Aprendo todos os dias a me posicionar de modo consciente sobre as escolhas que faço, em quem decido depositar minha esperança e expectativa. Embora seja extremamente desafiador, decido não desistir! É isso aí! Vamos em frente!

Depois que percebi em quem deveria depositar minhas expectativas, para ser livre da falta de perdão, dei-me conta de que é importante decidir ONDE ANDAR.

Escolha andar em níveis altos, em lugares onde os ruídos do mundo não o alcancem, em que a perspectiva é transformada, em que passamos a enxergar como Deus vê. Foi assim que Jesus fez, e é desse modo que aprendemos com Ele.

> Jesus disse: "Pai, perdoa-lhes, pois não sabem o que estão fazendo". Então eles dividiram as roupas dele, tirando sortes.
> (Lucas 23:34)

Diante da maior demonstração de amor já vista, Jesus na cruz nos ensina onde devemos andar. Ele escolheu andar em lugares altos, suportar a cruz, a humilhação e a vergonha em nosso lugar, porque sabia do plano de Deus para a humanidade. Apenas por meio da morte de Cristo na cruz houve a remissão dos nossos pecados. Ele tanto nos amou que nos perdoou e levou sobre Si nossos pecados.

Sabe, todas as vezes que quis confrontar meu sentimento de falta de perdão, descobri que ele estava acorrentado a outros sentimentos desenfreados em meu coração, e que esses sentimentos estavam adoecendo minha alma, fazendo-me sentir acorrentada pela raiva. Sem tratar dessa ferida emocional, a raiva deu espaço a outros sentimentos, como o ressentimento, a ofensa e o rancor. Os grilhões pesados que eu carregava pela falta de perdão foram ficando cada vez mais fortes em meu interior, até o ponto que passara a impedir a minha caminhada. Dessa forma, tornou-se quase impossível para mim sair da condição em que estava. Passei a alimentar minha alma de lixo emocional, a não levantar a cabeça, porque não tinha mais força, e fui me distanciando dos lugares altos. A falta de perdão faz isso: mina tudo que é bom em nós.

A falta de perdão rouba a alegria, a paz, a leveza e traz palavras de morte ao invés de palavras de vida. Não se fala de outra coisa senão da ofensa; não se enxerga mais ninguém senão o agressor; e não se percebe que, afinal, é perdoando a si mesmo que se consegue perdoar o próximo. Quando não perdoamos a nós mesmos, negamos nossa condição de pecadores que necessitam do perdão do Pai.

Porque Deus me amou e me perdoou, sou capaz de perdoar quem me agrediu ou ofendeu. Porque foi assim que o Pai nos perdoou: com misericórdia e amor.

Ao abrir os olhos da janela da alma e amar a mim, consigo amar o próximo.

Para ser livre da falta de perdão, é preciso confrontar a alma, declarar que não somos dominados pelo que sentimos e reconhecer nossa condição humana, imperfeita, falha, mas, acima de tudo, dependente de Deus.

DEVOCIONAL

Em Mateus 18:21-35, aprendemos que não há limites para o perdão.

De todos os princípios propostos nesta jornada de 21 dias, a cada um deles, durante a escrita, deparo-me com situações nas quais, de verdade, eu queria fugir. Para mim, escrever este devocional específico está sendo particularmente difícil, pois Deus está tratando o perdão em meu interior.

Espero que a transparência em minhas palavras possa nutrir seu coração de fé, pois, se tenho tentado lutar contra essa situação, com certeza você também conseguirá e será livre da falta de perdão.

Tenho feito um exercício que tem me ajudado nessa tarefa. Todos os dias, coloco um louvor e declaro que tudo que faço é para Deus; declaro que Ele é o Rei no meu coração; declaro que perdoo meu ofensor porque Cristo me perdoou. Mas o sentimento não desaparece de repente. Preciso, de forma intencional, continuar no exercício do perdão, e já não é mais perdoando ao ofensor, mas a mim também. Desse modo, passo a celebrar com gratidão a Deus minhas conquistas e me perdoar pelas coisas que fiz a mim mesma.

Lembre-se de que o perdão acontece aos poucos e continuamente, e que, embora haja dias em que a vontade de desistir é maior, creia que Deus pode lhe conceder a vitória total sobre o perdão, se assim você perseverar em buscar.

> Agora, pois, não vos entristeçais, nem vos pese aos vossos olhos por me haverdes vendido para cá; porque para conservação da vida, Deus me enviou adiante de vós. (Gênesis 45:5)

Após tudo que José viveu, ele se dá a conhecer os irmãos.[22] Nessa passagem, aprendi um dos maiores exemplos de como ressignificar uma ofensa e liberar o perdão.

Para conservação da vida, é necessário ser livre da falta de perdão. Quando isso acontece, as bênçãos transbordam, e, assim como José, Deus

---

[22] Recomendo a leitura da história de José desde Gênesis 37.

o levanta para alimentar multidões, ser o provedor, inclusive de seus ofensores, porque somente um coração puro, livre da falta de perdão, é capaz de retribuir o mal com o bem.

Por que perdoar?

Certa vez, ouvi uma pessoa me dizer que guardar rancor é como segurar um carvão em brasa para jogar em alguém. Em vez desse alguém, o único que se queima é você mesmo.

A emoção do perdão deve ser celebrada em nosso coração. Livres do cativeiro da falta de perdão, aproximamo-nos da leveza de uma vida sem ressentimentos.

Quando sou livre da falta de perdão, lembro-me da ofensa, vejo o ofensor, porém as lembranças são como cicatrizes: existem, mas deixaram de ser feridas, não há risco de infeccionar, porque a causa foi tratada, a ferida foi cicatrizada.

Hoje decido ser livre da falta de perdão e declaro diariamente a palavra para me curar.

ORAÇÃO FINAL

Pai, em teu amor há liberdade e vida eterna. Oro a Ti e clamo: ajuda-me a perdoar. Limpa meu coração dos ressentimentos, das dores, dos traumas e das correntes que a dor da ofensa criou em meu coração. Posso perdoar porque o Senhor me perdoou; posso doar amor porque o Senhor me ama. Decido cultivar o amor em meu coração. Sei que tudo o que está acontecendo em minha vida faz parte de um lindo propósito de Deus. Hoje, decido limpar a ofensa de dentro de mim, quebrar os grilhões da amargura. Hoje, sou livre da falta de perdão, em nome de Jesus, Amém!

DEVOCIONAL

LIVRE DO MEDO

Não é complicado. Apenas ame a sua frente.
– HEIDI BAKER

O que alimenta o medo?

Quantas vezes disse e repeti a mim mesma que eu era medrosa. Às vezes, esquecemos o poder das palavras proferidas e o que geramos, em termos espirituais, com nossas afirmações. Então, neste devocional, hoje, livre do medo, você vai declarar antecipadamente, sempre que surgir a vontade de dizer "sou medroso": "Sou corajoso, porque meu Pai assim me fez. Ele mandou um exército de anjos acampar ao meu redor. Em nenhum momento estou desprotegido. NÃO SOU DOMINADO PELO MEDO!".

Ah, como é desafiador vencer o medo, porque ele é apenas o nome dado ao pacote de sentimentos que o inimigo de nossa alma lança em nossa mente.

Quando o medo de as pessoas não me aceitarem surge, a raiz dele, na realidade, é a necessidade de aceitação. Você consegue perceber como, em muitas situações, o medo surge depois? Ele surge depois da necessidade de aprovação, de a pessoa ser aceita, de não errar, ou, se errar, do castigo que poderá vir.

Eu não tinha consciência do poder do medo, até que conheci um poder superior, o do amor!

Gosto muito da citação a seguir, da Bíblia *A Mensagem*:

> Deus é amor. Quando passamos a habitar permanentemente no amor, vivendo uma vida de amor, vivemos em Deus e Deus vive em nós. Assim, o amor tem o controle da casa, fica à vontade e amadurece em nós, e não temos mais a preocupação com o dia do juízo – nossa situação no mundo é idêntica à de Cristo. No amor, não há espaço para o medo. O amor amadurecido expulsa o medo. Considerando que o medo causa uma vida vacilante

e cheia de temores – medo da morte, medo do julgamento –, podemos dizer que quem tem medo não está completamente aperfeiçoado no amor. (1 João 4:17-18)

Nessa versão, os sentimentos e as percepções acerca do medo são clarificados para mim de maneira mais simples de compreender. Depois de realizar essa leitura, lembrei-me de alguns momentos da minha adolescência em que eu não conhecia Jesus como O conheço hoje. Eu simplesmente me lançava na aventura da vida, sem pensar no que poderia acontecer.

Creio que isso seja típico do calor da adolescência e da explosão de sentimentos que acompanham essa fase da vida. Sorrio ao me lembrar disso, pois, se sem Cristo eu era uma maluquete corajosa, que dirá agora sabendo que sou filha de Deus.

Agora, a maluquice tem um chão para pisar, um pula-pula para saltar, que se chama amor por Jesus, a presença do Espírito Santo. E isso aumenta cada dia mais, à medida que me lanço nos braços do Pai, danço em Sua presença, grito quanto O amo. Sim, sou escandalosamente apaixonada por Ele! Conforme passamos mais tempo com uma pessoa, adquirimos mais liberdade, e no tempo de secreto com Jesus a intimidade também aumenta, assim como a dose de revelação de Seu amor.

 O AMOR SE REVELA COM O NÍVEL DE INTIMIDADE NO QUAL VOCÊ CAMINHA.

Quem anda próximo do amor tem nível de revelação e compreensão maior acerca desse sentimento, diferentemente de quem caminha longe dele; de quem escolhe, em vez de caminhar, se lançar e mergulhar.

Em 8 de fevereiro de 2020, aconteceu no Brasil o The Send. (Creio que esse tenha sido o maior movimento missionário (ou um dos maiores) já

DEVOCIONAL

visto por nossa nação.) Foram mais de doze horas de adoração e ministração da palavra; mais de cento e noventa mil pessoas lotando simultaneamente os estádios do Morumbi, Allianz Park e Mané Garrincha. Foi lindo! Eu e meu marido estávamos lá, participando do The Send no Morumbi. Jamais vimos algo semelhante. A glória de Deus encheu aquele lugar, e passamos o dia declarando "o Senhor é Deus sobre as nações da terra". Foi incrível! O que ninguém podia esperar era que estávamos às portas da pandemia de covid-19.

Um dos momentos mais marcantes que vivi durante a tarde daquele dia foi quando vi a missionária Heidi Baker.[23] Ela ministrava sobre o amor, então fui procurar suas frases na internet e encontrei esta que contextualiza bem o que quero compartilhar com você.

> Mas o amor de Deus é grande o suficiente para tocar qualquer vida, para tirar a luz de qualquer escuridão. Jesus veio [para que pudéssemos] que poderíamos ter vida, para que não mais [tivéssemos] teríamos que morrer em depressão, raiva ou dor. Ele amava [trazer] as pessoas de volta à vida. Ele iria a qualquer lugar, falar com alguém. E [a] onde quer que ele fosse, ele pararia para o – esquecido, aquele que foi rejeitado, perseguido, doente, até a pedra morta. Mesmo um ladrão que estava morrendo por seus crimes na cruz ao lado dele. No reino do amor de Deus, não há pecador que não possa voltar para casa.[24]

O versículo de 1 João 4:17-18 mencionado anteriormente nos ensina que o amor amadurecido expulsa o medo – de não ser aceito; da vergonha dos erros cometidos; que paralisa em momentos de dor.

No entanto, o amor perfeito de Jesus nunca deixou espaço para a dúvida de sermos ou não aceitos. Jesus nos amou mesmo quando ainda éramos

---

[23] Conheça mais sobre ela e sobre a organização missionária que ela lidera em: https://irisbrasil.org/sobre/historia/. Acesso em: 11 ago. 2022.

[24] Frases de Heidi Baker sobre crianças. *Frasesinspiradoras.net*. Disponível em: https://frasesinspiradoras.net/heidi-baker-20856/raca-humana/frases. Acesso em: 11 ago. 2022.

pecadores distantes Dele, e, como diz Heidi Baker: no reino do amor, não há pecador que não possa voltar para casa.

Contudo, o que ocorre hoje é que, ao decepcionarmos alguém, o que recebemos é, na maioria das vezes, uma porta na cara – fechada para o amor no coração, para o perdão.

Até na igreja, muitas pessoas feridas acabam deixando a comunhão com medo de não serem mais aceitas. Abraçadas pelo sentimento de não pertencimento, elas se excluem da comunhão.

Jesus nos mostra o contrário. Vai até Pedro, que o traiu. O título desta conversa na Bíblia, na versão Aplicação Pessoal, é "Pedro é interrogado". Não me canso de ler esta passagem, porque aqui me sinto encorajada a voltar e correr para Jesus todas as vezes que erro, sabendo que por Ele serei aceita, perdoada e AMADA.

Após ressuscitar, Jesus vai ao encontro de Pedro, interroga-o sobre o amor e remove-lhe a mancha do pecado (a negação de Pedro em conhecer Jesus).

Não há pecador que, arrependido, não possa voltar para casa.

Perceba que Jesus fora encontrar Pedro, o qual retomara a atividade de pescador, talvez, creio, por sentir-se desencorajado ou decepcionado consigo mesmo para continuar a anunciar o evangelho.

O medo faz isso: traz rejeição, sentimento de não pertencimento ou de inutilidade – sentimo-nos descartáveis.

Como você se sentiria no lugar de Pedro? Ou como se sente hoje no lugar em que está?

Às vezes, penso que a motivação de Pedro em negar conhecer Jesus foi pautada pelo medo – de ser castigado como Jesus, de não ser protegido, de estar vulnerável. A questão é que esse mesmo Pedro, anos mais tarde, ao ser levado à morte, declarou ser indigno de morrer como seu Mestre e foi crucificado igual a Jesus, porém, a pedido seu, de cabeça para baixo.

Muitas vezes, o medo se apresenta escondido em uma falsa atitude de coragem, impelida por um temperamento sanguíneo. Por exemplo, Pedro age por impulso e corta a orelha de Malco.

DEVOCIONAL

> Simão Pedro, que trazia uma espada, tirou-a e feriu o servo do sumo sacerdote, decepando-lhe a orelha direita. (O nome daquele servo era Malco.)
>
> Jesus, porém, ordenou a Pedro: "Guarde a espada! Acaso não haverei de beber o cálice que o Pai me deu?" (João 18:10-11)

Medo de perder, de ser humilhado, de acessar sentimentos profundos. Medo, medo... Não vista a capa do medo! Ao contrário, abra a vestimenta e revele os sentimentos e as emoções ocultos que podem o levar a tropeçar no orgulho, na falta de perdão, e seja livre de toda carga do medo sobre os ombros.

Pedro compreendeu isso algum tempo depois:

> Depois de comerem, Jesus perguntou a Simão Pedro: "Simão, filho de João, você me ama realmente mais do que estes?" Disse ele: "Sim, Senhor, tu sabes que te amo". Disse Jesus: "Cuide dos meus cordeiros".
>
> Novamente Jesus disse: "Simão, filho de João, você realmente me ama?" Ele respondeu: "Sim, Senhor, tu sabes que te amo". Disse Jesus: "Pastoreie as minhas ovelhas".
>
> Pela terceira vez, ele lhe disse: "Simão, filho de João, você me ama?" Pedro ficou magoado por Jesus lhe ter perguntado pela terceira vez "Você me ama?" e lhe disse: "Senhor, tu sabes todas as coisas e sabes que te amo". Disse-lhe Jesus: "Cuide das minhas ovelhas". (João 21:15-17)

Hoje, Jesus também lhe pergunta: "Você me ama? Você realmente me ama?".

Encontrei o amor, mas o medo ainda insiste em me assombrar, e sempre que isso acontece preciso me lembrar de que, no perfeito amor, não há espaço para o medo!

A resposta que encontrei para a firme declaração contra o medo em meus pensamentos, sentimentos e traumas do passado foi que o amor é gerado no secreto.

Quanto você tem estado com Jesus no secreto?

No The Send, o Espírito Santo me deu essa direção. Quando vi Heidi Baker e Todd White ministrar, orar com tanta ousadia, com tanto amor, o Espírito Santo me disse ao coração: "Filha, sabe qual é a diferença entre você e eles?". Então, no meio daquela multidão de pessoas, levantei o rosto e vi Heidi Baker falando sobre o amor, e o Espírito Santo continuou: "A diferença é o quanto eles me buscam".

Todos que O buscam, O encontram, e a estes Ele se revela.

> Vocês me procurarão e me acharão quando me procurarem de todo o coração. (Jeremias 29:13)

Quanto você tem buscado Jesus?

O amor é moradia, habitação permanente. Não é um lugar físico, mas uma atitude de busca. O medo vem para impedir, paralisar, parar; ele impede o milagre porque gera incredulidade ao coração, e preciso dizer a você: É POSSÍVEL VIVER UMA VIDA LIVRE DO MEDO. PARA ISSO, ABRACE A FÉ!

> Portanto, meus amados irmãos, mantenham-se firmes, e que nada os abale. Sejam sempre dedicados à obra do Senhor, pois vocês sabem que, no Senhor, o trabalho de vocês não será inútil. (1 Coríntios 15:58)

SEJA INDESISTÍVEL EM MANTER FIRME SUA POSIÇÃO DE FILHO DE DEUS!

Quando o medo tira você deste lugar, distorce sua identidade, porque fora da identidade de filho amado de Deus achamos que somos o resultado

DEVOCIONAL

de nossos esforços, e isso nos leva à mentira de fazer para ser, de servir para ser amado – que mentira! E o medo é o que o inimigo usa para nos amedrontar.

Perante uma situação que lhe traz medo, questione, confronte o medo: QUAL É SUA RAZÃO DE SER? ONDE VOCÊ COMEÇOU E PARA ONDE ACHA QUE VAI ME LEVAR?

Diante dessas perguntas, responda na palavra: Qual é a razão de ser do medo que o impede de se lançar ao projeto que Deus lhe confiou? Na porta de emprego que Ele abriu? Se não estiver na palavra, você será tendencioso na resposta.

Faço esse exercício e não posso me apartar dele para seguir com coragem diante dos desafios da vida. Em inúmeras vezes, no âmbito profissional, perante novos passos que daria, precisei confrontar o medo.

Em Teresina, tenho um instituto de saúde emocional chamado VOP,[25] sigla para vida, otimismo e propósito. Quando a nova sede do instituto foi inaugurada, tive tanto medo que quase não me mudei para o novo espaço.

Em geral, o medo surge de uma experiência anterior traumática, e nos prendemos a essa experiência, a qual, no meu caso, fora encerrar três empresas (uma do ramo de vestuário e outras duas do ramo de alimentação). Eu tinha muito medo de errar, e, quando isso acontece, paramos de sonhar por medo de empreender e quebrar. Eu pensava: "Não posso errar novamente"; "Se eu quebrar, o que vão dizer?".

Como acabei de dizer, o medo normalmente nasce de uma experiência anterior. Pedro, decepcionado consigo mesmo, voltou a pescar. Esqueceu-se de que Jesus o chamara e caminhara com ele para que se tornasse pescador de homens, de vidas, para o Reino de Deus!

O medo cresce na mente. Ficamos presos ao passado, lembrando-nos do fracasso, e nos esquecemos de que, diante dos erros de outrora, caminhamos para os acertos do futuro!

Ser indesistível ao chamado de Deus nos leva a perseguir o propósito.

---

[25] Para saber mais sobre o instituto, veja o site disponível em: https://institutovop.com.br/. Acesso em: 11 ago. 2022.

Lembro-me de Thomas Edison, que, em 1879, após realizar mais de mil experimentos, inventou a lâmpada elétrica. Por que ele não desistiu? Porque não abraçou o medo de tentar mais uma vez! Porque não fixou o pensamento nas derrotas.

Livre-se do medo e dos pensamentos negativos sobre as experiências pretéritas. Lembre-se: elas o tornaram mais experiente, mais maduro e mais próximo de seu destino!

Peguei a coragem por meio dos pensamentos ressignificados de derrota e os transformei em pensamentos de vitória. Declarei a palavra de Deus, fui em direção a Ele e expulsei o medo!

Se desejar, faça este exercício. Vou usar como exemplo para você minha experiência no instituto.

1. Lembre-se da experiência passada (no meu caso, as lojas que fechei).
2. Anote os pensamentos negativos oriundos dessa experiência (fracassei, perdi o dinheiro investido).
3. Dê a eles novos sentidos (aprendi com as experiências passadas e hoje sou mais consciente e estou mais madura; percebo que não caminho pelo que sinto, mas pela direção de Deus, e isso me traz segurança, pois vivo uma vida com propósitos).
4. Declare a palavra (Josué 1:9 "Não to mandei eu? Esforça-te, e tem bom ânimo; não temas, nem te espantes; porque o Senhor teu Deus é contigo, por onde quer que andares").
5. Seja INDESISTÍVEL!

Ainda não cheguei ao destino final, mas me lancei nos braços de meu Pai neste projeto e com muito amor sigo em frente!

No livro *Organize sua desordem mental*, a doutora Caroline Leaf diz: "a mudança verdadeira exige tempo e esforço, não há como fugir disso, não há nenhum elixir mágico quando se trata de nosso pensamento".[26]

---

[26] LEAF, Caroline. *Organize sua desordem mental*: 5 passos simples e cientificamente comprovados para reduzir a ansiedade, o estresse e o pensamento tóxico. Guarulhos: Editora Hábito, 2021.

DEVOCIONAL

Precisamos saber contra quem estamos lutando. Tenha consciência racional das lutas que você vive. Quando conhecemos o inimigo, fica mais fácil agir estrategicamente para vencer. Somos livres do medo quando entendemos quem éramos e quem nos tornamos quando nossa vida é do Senhor.

ORAÇÃO FINAL

Pai, sou livre do medo porque Teu amor me encontrou, me abraçou, me acolheu e me amou mesmo eu ainda estando nas vestes do pecado. Teu amor trocou a vergonha pela aceitação, perdoou meus pecados pelo arrependimento, e pelo sangue de Jesus fui lavada. Sou livre do medo porque estou no Teu amor! Te amo, Jesus, hoje e sempre. Amém!

Princípio 6

Desenvolva a Fé

Ora, a fé é o firme fundamento das coisas que se esperam, e a prova das coisas que se não veem. Porque por ela os antigos alcançaram testemunho.

– Hebreus 11:1-2

DEVOCIONAL

onfesso que um dos grandes desafios de minha vida é viver por fé. Gosto de ter a garantia de que tudo que planejei acontecerá do modo que eu espero. Isso tem a ver com a tendência em querer controlar tudo, achando que tenho algum poder.

Sorrio ao digitar essas palavras porque me lembro do apóstolo Paulo dizendo:

> Porque não faço o bem que eu quero, mas o mal que não quero, esse faço. Mas, se eu faço o que não quero, já não sou eu quem o faz, e sim o pecado que habita em mim. (Romanos 7:19-20)

Ler esse versículo me consola, porque, em um mundo em que todos se apresentam perfeitos e multicapazes, ser alguém comum, imperfeito e incapaz de agir senão pela misericórdia de Deus é andar na contramão; é acreditar, pela fé, que Deus começou uma boa obra em mim e em você, e que é fiel para cumpri-la!

O apóstolo Paulo me abraça com essas palavras porque me sinto esperançosa de que, diante dos erros, das falhas e do pecado que me rodeia, pela fé declaro que sou livre em Cristo. Pela fé, creio na transformação diária do meu ser, das minhas escolhas e do amor de Cristo; declaro a palavra Dele em minha vida; creio perseverar na fé, assim como o fizeram os heróis descritos em Hebreus 12, a despeito de seus erros. Assim quero ser, assim oro para que sejamos: livres de tudo que nos impede de avançar. Pela fé, creio que posso tudo naquele que me fortalece!

Pela fé, podemos vencer as adversidades, as lutas, os medos e a incredulidade.

Pela fé, podemos sair da estagnação espiritual e avançar em Cristo para uma vida de perseverança em meio às provações.

Pela fé, podemos ser livres da solidão e encontrar uma família para pertencer – a família do Reino de Deus!

Pela fé, creio que você já é livre de tudo que o impede de desenvolver uma trajetória de fé e viver uma vida de liberdade!

DEVOCIONAL

LIVRE DA INCREDULIDADE

E não fez ali muitos milagres,
por causa da incredulidade deles.
– MATEUS 13:58

Obra miraculosa, muitas maravilhas, milagres... tudo represado por algo chamado incredulidade.

A incredulidade é o naufrágio da fé.

Assim como nós, a embarcação náutica foi criada com um propósito (transportar cargas e pessoas a seu destino), e, para que este se cumpra, é importante ela não afundar nem ficar presa em recifes. Desse modo, entendo que, como as embarcações, nós também podemos naufragar na caminhada da fé ou ficar presos a algum obstáculo, sem alcançar o destino que Deus preparou para nós.

Podemos afundar na fé e, ainda assim, sermos resgatados das profundezas do oceano de mentiras e enganos que nos conduziram ao naufrágio. Ou podemos estar presos aos recifes da incredulidade, acatando mentiras como verdades e nos desestimulando na jornada da fé. No entanto, se quisermos perseverar em alcançar o destino que Deus tem para nós, é necessário abraçarmos uma vida de fé e sabermos, de fato, contra quem estamos batalhando.

Porque não temos que lutar contra a carne e o sangue, mas, sim, contra os principados, contra as potestades, contra os príncipes das trevas deste século, contra as hostes espirituais da maldade, nos lugares celestiais. (Efésios 6:12)

Contra quem você tem lutado?

Às vezes, nosso inimigo mais sagaz somos nós mesmos.

Murmuramos, comparamo-nos e ficamos presos aos recifes da incredulidade, abrindo espaço no coração para o descontentamento e a insatisfação.

O murmúrio rouba a satisfação!

Ora, se o diabo vem para roubar, matar e destruir, certamente o murmúrio vem dele, porque rouba nossos dons e nos afoga na lamentação.

Quantas vezes a incredulidade bateu à porta do meu coração...

Como assim, Amanda? Você é uma mulher de fé.

Pois bem, como escrevi algumas linhas antes, sou uma MULHER de fé, mas, em alguns momentos de minha caminhada com Deus, o medo assolou minha alma, e o medo nada mais é que fé contrária, que leva à incredulidade.

Somos seres humanos, indivíduos com sonhos, medos, angústias e alegrias. Como diz a Bíblia, vivemos em um mundo em que:

> Sabemos que somos de Deus, e que o mundo inteiro jaz no Maligno. (1 João 5:19)

Mas Deus nos ensina a termos bom ânimo, porque Ele venceu o mundo.

Guardo no coração essa afirmação, e, sempre que a incredulidade bate à porta de minha alma, declaro: Jesus venceu! E Nele posso todas as coisas.

É fácil? Não, mas é uma decisão.

Podemos naufragar na fé quando colocamos nossa lente em pessoas; quando criamos expectativas no homem e deixamos de lado Deus. Isso traz frustração, dor e decepção, e esses sentimentos são como ervas daninhas crescendo no coração. Precisamos perceber, ver e extirpar esses sentimentos de dentro de nós e crermos em Deus, com todas as nossas forças.

A questão da incredulidade sempre existiu no mundo. Lembro-me de que, enquanto lia as cartas do apóstolo Paulo, percebi que os desafios acerca da incredulidade, que levam aos falsos ensinamentos, sempre existiram.

Em Timóteo 1:18-20, o apóstolo Paulo quer alertar Timóteo sobre os falsos mestres na igreja de Éfeso (sobre pessoas que, em funções de liderança, poderiam trazer problemas à igreja).

DEVOCIONAL

Esses falsos mestres provocavam segmentações, enganavam as mulheres, tinham objetivo de lucro financeiro – as motivações de seu coração não eram mais genuínas em servir ao Reino de Deus. Eles haviam naufragado na fé, e pessoas que naufragam morrem afogadas nas próprias mentiras; contudo, não satisfeitas, querem levar outros consigo. Então, com conselhos práticos sobre como deve ser a atuação de líderes da igreja, o apóstolo Paulo enfatiza a sã doutrina, a confirmação da salvação pela graça, com Cristo como o único mediador entre Deus e os homens.

> Este é o dever de que te encarrego, ó filho Timóteo, segundo as profecias de que antecipadamente foste objeto: combate, firmado nelas, o bom combate, mantendo fé e boa consciência, porquanto alguns, tendo rejeitado a boa consciência, vieram a naufragar na fé. E dentre esses se contam Himeneu e Alexandre, os quais entreguei a Satanás, para serem castigados, a fim de não mais blasfemarem. (1 Timóteo 1: 18-20)

Ao ler essa passagem pela primeira vez, o que mais me chamou atenção foi: não sei quem eram Himeneu e Alexandre, mas de uma coisa sei: não quero ser igual a eles. Pensei logo: "Deus me livre de ser entregue a Satanás!". Foi aí que parei para pensar no motivo pelo qual ambos foram entregues.

Na Bíblia, vemos a história de homens e mulheres imperfeitos, mas que, inspirados e repletos de Deus, tiveram a vida transformada; no entanto, há aqueles que abraçaram a incredulidade e naufragaram na fé.

Após ler a passagem citada, aprendi uma importante lição: Não importa como começamos, seremos lembrados pelo modo como terminamos.

Iniciamos projetos e sonhos com grande empenho, mas, quando as dificuldades chegam, a primeira coisa que fazemos é questionar, agir com incredulidade.

Quantas vezes agi assim diante de algo que me paralisava. Eu pensava: "Será que era para eu ter começado isso?".

Começamos a duvidar, e a dúvida é o abalo na fé.

Quando li essa passagem sobre Himeneu e Alexandre, entendi que poderia tirar algo de bom de uma história que não era tão linda. Aprendi a pensar em como desejo ser lembrada.

Quero ser lembrada como a Amanda que perseverou em meio às dificuldades, mesmo presa nos recifes da incredulidade em alguns momentos da vida, mas que não desistiu, foi resgatada por Jesus e caminhou com fé em Deus até o fim? Ou como esses homens sobre os quais o apóstolo Paulo escreveu, aqueles entregues a Satanás porque naufragaram na fé pela incredulidade do coração?

Naufragar é afundar; é fracassar; é não chegar ao destino!

O naufrágio na fé geralmente acontece de forma gradual; a sedução do pecado vai ganhando espaço e desconstruindo todo o alicerce espiritual da vida do cristão. Precisamos nos policiar para não sermos levados pelas ondas do pecado e abraçarmos a incredulidade.

Mas o que é necessário para ser livre da incredulidade e não naufragar na fé?

Nossa consciência é a bússola da alma.

Recentemente, assisti a uma entrevista de Amyr Klink ao doutor Drauzio Varella. O navegador brasileiro, a bordo de um pequeno barco, percorreu sozinho, em 1984, sete mil quilômetros entre a Namíbia, na África, e Salvador, no Brasil, concluindo, assim, a primeira e única travessia a remo do Atlântico Sul. Klink conta que essa façanha fora motivo de tentativa de outros homens, mas que todas as embarcações anteriores naufragaram. Esses homens não são lembrados como aqueles que tentaram, mas como aqueles que fracassaram, ou seja, que não chegaram ao destino.

Amyr conta que buscou ajuda nessa empreitada. Em conversa com um engenheiro da Universidade de São Paulo, ele disse que precisava construir um barco "incapotável", e o engenheiro falou: "Não, um barco 'incapotável' não vai funcionar. Não fuja do problema. Seu barco tem que ser projetado para capotar, da África até o Brasil. Seu barco vai capotar, não tem jeito, então construa um barco 'capotável', preparado para retomar a posição com facilidade".

Assim somos nós quando decidimos ter uma vida de relacionamento com Deus. Mais que uma vida religiosa, todos precisamos guardar o coração em Deus, vigiar nossas motivações; porém, em um momento ou outro, vamos ser tentados a capotar, e o que fazer? Como voltar? Como nos preparar caso isso aconteça?

Quando capotamos na vida de fé, abraçamos a incredulidade e limitamos o agir de Deus à nossa compreensão humana; contudo, se temos uma vida de comunhão com Deus, abraçamos a fé, meditamos em Sua lei e não fugimos ou nos entregamos quando capotamos. Ao contrário, lançamos fora a incredulidade e cremos por fé, mesmo sem ver que Deus é a mão estendida na adversidade nos chamando para viver uma fé firmada Nele, não em circunstâncias ou em pessoas, mas em JESUS.

Himeneu e Alexandre escolheram a incredulidade em vez da fé.

Himeneu, de acordo com a Bíblia, foi um cristão que apostatou da fé e decidiu criar uma teologia própria. Pregava que a ressurreição já havia ocorrido (2 Timóteo 2:16-18).

Alexandre é outro mau exemplo de crente que apostatou da fé. Era um empresário rebelde que trabalhava com bronze e criara muitos problemas, pois não aceitava conselhos nem admoestações do apóstolo Paulo (2 Timóteo 4:14-15).

Se esses são exemplos de pessoas que naufragaram na fé, o que preciso fazer para que isso não aconteça comigo? É o que Paulo ensina a Timóteo: para ser livre da incredulidade, mantenha uma boa consciência.

E o que é boa consciência?

Boa é uma natureza de boa constituição; útil, saudável, honesto, honrado.

Consciência é a alma como diferenciadora entre o que é moralmente bom e mau; é o que nos impulsiona a fazer o que é bom, evitando o mau; ela glorifica o que é bom, condenando o mau.

Para ser livre da incredulidade, entendi que era necessário ter consciência clara e objetiva acerca de minha fé em Deus.

Então, se você também quer ser livre da incredulidade:

1. Valorize a fé em Cristo mais que qualquer outra coisa.
2. Faça o que é correto (Filipenses 4:8).
3. Não ignore sua consciência, porque, sempre que você a ignora deliberadamente, está endurecendo seu coração, e após algum tempo sua capacidade de distinguir entre o certo e o errado vai diminuir.
4. Caminhe com Deus. À medida que você caminha com Ele, Ele fala com você por meio da consciência, permitindo-lhe discernir entre o certo e o errado.
5. Não deixe de agir contra os ímpetos interiores, de modo a fazer o que é correto, pois assim sua consciência permanecerá limpa (Provérbios 9:10).

E quando você pode naufragar na fé?

1. Vivendo uma vida religiosa (Provérbios 4:23).
2. Deixando o coração distante de Deus (Lucas 21:34). Aqui, Jesus ensina os discípulos a não se acomodar (por exemplo: "Ah, culto on-line! Não vou para a igreja". Isso gera esfriamento. Há poder quando nos reunimos.), a estar alertas e vigilantes para não cair em pecado de qualquer espécie.
3. Falta de comunhão com o corpo de Cristo, que também leva ao esfriamento da fé. (Mateus 24:12).

A fé busca a Deus e se agarra a Ele, que criou você e o está transformando por intermédio de Jesus e da presença do Espírito Santo.

A consciência, agora educada pelo Espírito Santo, de acordo com os ensinamentos de Jesus, guiará você pelas árduas e perigosas águas da vida.

Para ser livre da incredulidade, lute a gloriosa batalha da vida, mantendo a boa consciência e a fé.

Por mais difícil que pareça sua situação, entre tantas promessas maravilhosas na Bíblia, jamais se esqueça de que Deus sempre estará com você (Mateus 28:20) e um dia o resgatará para a vida eterna (Apocalipse 21:1-5).

Nada pode nos separar do amor de Deus.

DEVOCIONAL

ORAÇÃO FINAL

Pai, se posso estar incrédulo hoje, fortaleça minha fé. Que eu não me entregue à incredulidade, mas possa confiar, com fé, em Tuas promessas. Ajuda-me a valorizar meus pensamentos, minhas palavras e minhas ações e a submetê-los à Tua boa, perfeita e agradável vontade. Se hoje estou preso(a) nos recifes da incredulidade, com fé declaro que sou livre dessa prisão, e se naufraguei peço a Ti que me resgate e me restaure. Meu coração é livre da incredulidade; minha mente é livre desse engano. Declaro, em nome de Jesus, que sou livre da incredulidade.

LIVRE DA ESTAGNAÇÃO ESPIRITUAL

Restitui-me a alegria da tua salvação e sustenta-me com um espírito disposto a obedecer. Então ensinarei os teus caminhos aos transgressores, para que os pecadores se voltem também para ti.
– Salmos 51:12-13

Sempre fui conhecida como uma pessoa alegre. Aliás, a alegria é uma das minhas características mais marcantes. Um sorriso no rosto, um abraço acolhedor, um coração que ama receber em casa. Mas será que a alegria pode ser roubada, sumir ou até desaparecer?

A resposta é sim, com certeza!

Um dos meus versículos preferidos são o Salmo 51. Lembro-me de que, em 2015, diante do diagnóstico de câncer no intestino, uma cratera se abriu em minha alma e, por alguns instantes, me vi engolida por esse buraco. Sem entender muita coisa, ou quase nada, do que estava acontecendo, eu buscava encontrar uma saída para a tristeza que estava sentindo.

Fora a tristeza que se instalou em mim, também me via como alguém sem fé. Eu pensava: "Meu Deus, onde está minha fé?".

A alegria fora embora, e eu, por um bom tempo, não sabia como reencontrá-la.

A fé parecia ter desaparecido. Antes era algo tão forte que eu a sentia dentro de mim, mas, diante da cratera e da dor da alma, senti-me perante um grande abismo, o qual não conseguia transpor; sentia-me presa pela dor e estagnada na fé em Deus.

Você já se sentiu assim, paralisada pela dor, buscando reencontrar a alegria que se perdeu e a fé que aparentemente desapareceu?

Se a resposta for sim, isso me gera certo alívio, porque percebo que não estou só.

DEVOCIONAL

A psicóloga Edith Eva Ever, no livro *A bailarina de Aushwitz*, menciona algo muito interessante sobre o sofrimento:

> [...] quando obrigamos nossas verdades e histórias a se esconderem, os segredos podem se tornar o próprio trauma, a própria prisão. Longe de diminuir a dor, o que nos recusamos a aceitar se torna tão intransponível quanto as paredes de tijolos e barras de aço. Quando não nos permitimos sofrer por nossas perdas, feridas e decepções, estamos condenados a revivê-las.[27]

Bem, naquela situação em que me encontrava, compreendi que não estava só. Percebi que havia um segredo em minha alma que me aprisionava à dor, ao sofrimento, e confessá-lo era vergonhoso demais.

A verdade precisava vir à tona, trazendo cura e restauração à minha alma. Não que estivesse sem fé ou não acreditasse mais em Deus. A questão é que estava consumida pela frustração, pela dor que se instalara, pela doença, pelo diagnóstico.

Você já se sentiu assim, com os planos frustrados?

Parecia que tudo havia saído do controle, mas o fato era: quando tudo esteve no meu controle?

Eu vivia com Deus me servindo, não eu servindo ao propósito Dele para mim. E, por mais que isso pareça forte, você deve estar pensando: "Poxa, que pessoa má!".

Deixe-me convidá-lo a fazer um exercício reflexivo simples.

1. Como você reage quando é frustrado?
2. Quando a programação sai do controle, como você age?

Eu achava que servia a Deus, mas na realidade O queria servindo a mim, às minhas vontades, aos meus desejos. Eu não sabia lidar com as frustrações e queria as coisas do meu jeito.

---

[27] EGER, Edith Eva. *Op. cit.* p. 20.

A cratera em minha alma revelou que a estagnação espiritual era fruto da falta de um relacionamento verdadeiro com Deus. Eu vivia uma religiosidade, mas igual a uma criança. Ou, como o apóstolo Paulo cita em 1 Coríntios 3:2-3, o povo recebia leite porque não tinha condições de receber alimento sólido.

Mas por que eu vivia "igual a uma criança"? Porque criança age por impulso, por necessidade, por satisfação pessoal.

Como você sabe, tenho dois filhos e lembro-me de quantas vezes Heitor, então com 4 anos, e Rafael, com 2, jogavam-se no chão, chorando por algo que queriam, e eu dizia não.

Eu ainda era criança na fé; estava me jogando no chão quando Deus me tirou a mamadeira de leite e me convidou a iniciar o alimento sólido, em minha jornada de fé.

Em geral, o desenvolvimento da maturidade está relacionado ao avanço em meio ao deserto. E a dor faz parte da jornada.

Sentir-se estagnado é sentir-se como se a fonte deixasse de fluir; é a ausência de movimento.

Normalmente, quando a estagnação ocorre, sentimo-nos paralisados, presos, incapazes e sem respostas diante do momento pelo qual estamos passando.

A estagnação aumentava a cratera de dor em minha alma e afetava minha vida emocional, espiritual, materna, amorosa...

Sabe quando nada parece ter graça? Quando a alegria desaparece e nada mais traz satisfação?

Essa sensação me perseguia. Eu já não conseguia mais orar, e o silêncio ecoava em minha mente. A dor me consumia, e eu me sentia incapaz de evoluir.

Acho que o rei Davi se sentiu assim quando escreveu o Salmo a seguir. Diante do pecado que cometera ao mandar assassinar o marido de Bate-Seba, ele clama a Deus:

> Cria em mim, ó Deus, um coração puro, e renova em mim um espírito reto. (Salmos 51:10)

DEVOCIONAL

Deus é criativo; a criatividade faz parte da essência Dele, então o lugar de estagnação não é para Seus filhos.

Davi pede a restauração de seu coração, que estava adoecido. Nesse versículo, coração está relacionado ao caráter moral, ou seja, diante das constatações pessoais, Davi pedia a Deus que lhe criasse um coração puro, com a moral guardada em Deus, e um espírito que não se abalasse perante as adversidades.

Talvez hoje, assim como Davi, do mesmo modo como também me senti sem fé, estagnada, sem conseguir me relacionar com Deus diante da dor, você esteja pensando: "O que vou fazer? Como devo agir?".

Quando nos sentimos estagnados, ficamos sem ânimo, vazios, cansados. Mas o fato é que todos nós passamos por momentos assim na vida, principalmente naqueles em que grandes desafios estão à nossa frente.

Livrar-se da estagnação espiritual não acontece de repente. A quebra de um ciclo precisa passar por alguns processos:

1. confrontar os fatos;
2. reconhecer o pecado;
3. orar e se relacionar com Deus;
4. mudar a forma de pensar.

Quando me dei conta de que precisava pôr em prática cada um dos processos, entendi que estava fugindo de mim. Por não ter recursos emocionais para lidar com a situação que se me apresentava, estagnei.

E é nessa hora que a fé entra em ação, porque eu não queria aceitar a verdade.

E qual era a verdade?

A verdade era que eu não era tão perfeita quanto achava que fosse; era que queria as coisas do meu jeito.

Como uma mexerica que é descascada, Deus permitira que minha capa fosse retirada, e os gomos, revelados para ser tratados.

É comum nos paralisar perante quem somos de verdade. Fantasiamos acerca de nossa perfeição e da perfeição do outro, sabendo que isso não existe. Então, romper a estagnação foi, para mim, uma decisão dura, desafiadora, mas necessária.

Eu já não agia pelo que sentia, mas porque era preciso, necessário.

> Ora, a fé é o firme fundamento das coisas que se esperam, e a prova das coisas que se não veem. (Hebreus 11:1)

Para ser livre da estagnação espiritual, é necessário viver por fé.

Diante de situações como as quais vivi, e as quais Davi viveu, e que você possa estar vivendo, entenda: viver por fé é um convite a provar do que você ainda não vê acontecer, mas espera que aconteça, com fé naquele capaz de fazer muito mais do que você pediu ou imaginou.

> Àquele que é capaz de fazer infinitamente mais do que tudo o que pedimos ou pensamos, de acordo com o seu poder que atua em nós. (Efésios 3:20)

Davi, no Salmo 51, ensinou-me que a alegria que eu sentia poderia ser restituída; que a estagnação não só nos paralisa como também nos rouba desfrutar de tudo que Deus tem para nós.

Quero convidá-lo a ser livre da estagnação espiritual e a fazer como Davi: ore a Deus e clame a Ele o romper de ciclos que o impedem de ser tudo aquilo que Ele o formou para ser.

Ah, mas ainda não me sinto pronto nem capaz!

Sim, é nessas horas, é desse jeito que a fé é exercida para quebrar cadeias e nos fazer avançar, crendo sem duvidar, como apóstolo Paulo nos ensina:

> Estou convencido de que aquele que começou boa obra em vocês vai completá-la até o dia de Cristo Jesus (Filipenses 1:6).

DEVOCIONAL

Você é uma boa obra de Cristo! Creia nisso.

Vamos orar?

ORAÇÃO FINAL

Pai querido, pai amado, neste dia, oro a Ti e clamo por Tua misericórdia e por Teu amor. Jesus, eu Te peço: quebra as correntes que me aprisionam na estagnação espiritual. Senhor, ainda me vejo sem fé, ainda não consigo ver algo novo acontecer, mas decido a Ti clamar, a Ti declarar meu amor e minha certeza de que não fica sem resposta aquele que espera em Ti. Como Davi, clamo: Tem misericórdia de mim! Meu pecado está diante de mim de dia e de noite; ele me aprisiona! Mas creio, Senhor, creio em Ti. Sei que Tua palavra é suficiente para cadeias quebrar.

Declaro com fé e ousadia, em nome de Jesus, que sou livre de toda estagnação espiritual! Declaro ver com os olhos da fé um fluir como fonte nova a jorrar dentro de mim, uma renovação dos céus. Decido me calar diante das provocações; decido não responder à paralisia da alma, mas seguir em frente, com a ousadia e a coragem dos filhos de Deus.

Dependo de Ti, Senhor. Cria em mim, Deus, um coração puro e renova dentro de mim um espírito inabalável.

Em nome de Jesus, a Ti oro e agradeço, Amém!

P.S. Quero lhe dizer algo que me veio à mente agora. Talvez após a oração você esteja se perguntando: "Deus vai me ouvir?".

O mesmo Salmo que mencionei no início deste devocional diz:

> Os sacrifícios para Deus são o espírito quebrantado; a um coração quebrantado e contrito não desprezarás, ó Deus. (Salmos 51: 17)

Fale com Deus de todo o coração; seja honesto em relação a como se sente. Se preferir, escreva, cante, chore. Mas o mais importante é: diante de um coração quebrantado, Deus é especialista em juntar os cacos e fazer algo novo, lindo!

Livre da solidão

"Lembre-se das promessas…"

Como um sussurro ao ouvido, essas palavras foram sopradas por Deus ao meu coração, em um dia em que eu experimentava a solidão.

Queria me esconder, me isolar, estar só e, se possível, me afastar de mim mesma.

Em muitos momentos de minha vida, as promessas de Deus trouxeram esperança ao meu coração, regando a fé e não me deixando desistir. Sabe por quê? Porque Deus não é homem para mentir (Números 23:19), e, se lhe prometeu algo, Ele é fiel para cumprir (Hebreus 10:23).

A questão é que Deus não criou robôs; ao contrário, nos fez seres livres, com capacidade de escolha – Ele nos concedeu livre-arbítrio.

Então, em dias nublados da alma, onde a solidão se instaura, lembrar as promessas Dele em relação a nós nos encoraja a seguir com fé, mesmo sem nada vermos, mas crendo, trazendo à memória o que pode nos dar esperança (Lamentações 3:21). Afinal, ELE PROMETEU E VAI CUMPRIR.

Ninguém pode impedir o agir de Deus em nossa vida senão nós mesmos.

Sim, quando o Espírito Santo me sussurrou "Lembre-se das promessas…", estava querendo dizer "Lembre-se de que há algo para acontecer. Continuo agindo, mesmo que você não veja ou não sinta. Ainda há pessoas esperando para ser impactadas por intermédio de Minha boa obra, que é VOCÊ!".

O coração não é lugar de habitação da solidão; talvez possa ser uma habitação provisória, como quando um viajante passa em determinado lugar para ensinar algo. Quando a solidão permanece, traz consigo o isolamento e o sentimento de não adequação; sentimo-nos excluídos, rejeitados e humilhados; assim, com nossas necessidades sociais não correspondidas, acolhemos a solidão como opção ao nosso modo de vida.

DEVOCIONAL

Desde o início, Deus nos criou para sermos indivíduos sociáveis. Na criação, fez os animais da terra aos pares; do pó fez o homem, e de sua costela, a mulher, um e outro para, juntos, serem uno com Deus.

Não fomos feitos para o isolamento; não fomos criados para a solidão.

> Então o Senhor Deus declarou: "Não é bom que o homem esteja só; farei para ele alguém que o auxilie e lhe corresponda".
> (Gênesis 2:18)

Lembro-me de que, em uma aula ministrada pela doutora Rosana Alves, ela disse algo muito interessante sobre as necessidades sociais; Alves levantou três situações e pediu às alunas que assinalassem a opção com a qual mais houvesse identificação.

- Sentir-se incluído traz o medo da exclusão.
- Sentir-se competente traz o medo da humilhação.
- Sentir-se aceito traz o medo da rejeição.

Pense nas alternativas assinaladas e em como cada uma delas impactou sua vida até hoje. Perceba que, em cada sentimento, encontramos o medo.

O medo é um estado afetivo oriundo da consciência de um perigo iminente e, muitas vezes, nos oprime e nos leva à solidão. Por medo, ou seja, pelo perigo iminente de sermos excluídos, humilhados ou até rejeitados, não compartilhamos com os outros como nos sentimos, e isso leva a pensamentos muito comuns, por exemplo: "Ninguém entenderia como me sinto"; "Não posso falar sobre isso com absolutamente ninguém"; "Não posso confiar em ninguém".

A Bíblia nos ensina algo muito precioso relacionado a isso; algo que vivi e gostaria de compartilhar com você neste devocional, pois para ser livre da solidão é necessário passar pela exposição.

Que exposição? A da motivação, daquilo que impulsiona seu coração.

Você tem alguém com quem pode conversar e demonstrar sua vulnerabilidade?

Lembro-me de pessoas que, durante minha jornada, foram fundamentais para me resgatar do lugar de solidão em que me coloquei e clarificar os processos que eu estava vivenciando.

Como disse Edith Eva Eger[28]: "Às vezes, a dor nos empurra e às vezes a esperança nos puxa".

Eu achava que ninguém entenderia como me sentia. Quando a esperança aparecia para me puxar do lugar de dor no qual a solidão me colocara, eu a empurrava para longe, porque não queria sair daquele lugar.

E que lugar era esse? Não era o de vítima, mas da vitimização. Até que o sussurro do Espírito Santo deixou de ser sussurro em meu coração e tornou-se um grito: "Ei, se não sair daí, vai dar ruim!", como dizemos no Piauí.

Precisei me posicionar diante da solidão, encontrar forças em Deus e parar de querer que tudo fosse do meu jeito e no meu tempo.

A Bíblia nos ensina:

> Assim diz o Senhor: Maldito o homem que confia no homem, e faz da carne o seu braço, e aparta o seu coração do Senhor! (Jeremias 17:5)

Entenda que, em momentos de dor, a solidão não é opção. Precisamos confiar não na resposta do homem para resolver nossa questão, mas, sim, no Espírito Santo de Deus para nos lembrar das promessas Dele. E, confiando Nele, devemos nos mover para sermos livres!

Eu não podia confiar que as pessoas resolveriam minhas questões, mas, antes, deveria confiar em Deus e nos processos que Ele estava permitindo que chegassem a mim.

Eu estava vivendo um ano de muitos desafios. Após uma aceleração na vida espiritual, terminei minha segunda graduação em Psicologia, iniciei o Instituto VOP (sobre o qual já falei) e lancei meu primeiro livro, *Você só vive um milagre quando não desiste*. Foi então que, em meio a tantas realizações, precisei parar.

---

[28] Eger, Edith Eva. *A bailarina de Auschwitz*. tradução de Débora Chaves. Pág. 17. Rio de Janeiro: Sextante, 2019.

Ah, como assim? Parou com tudo fluindo, tudo acontecendo?

Foi exatamente aí que Deus me convidou a parar.

Certa tarde, após o horário de trabalho, meu marido me chamou para caminhar na Raul Lopes, famosa pista de Teresina onde as pessoas costumam fazer caminhadas. Já havíamos caminhado dois quilômetros, e eu, bastante acelerada, disse a ele:

– Alciomar, vamos correr?

E ele respondeu:

– Não.

Ele disse "não" uma, duas, três vezes. Parei de insistir, soltei a mão dele e saí correndo. Corri dois quilômetros e me encontrei com ele depois.

Na hora em que o vi caminhando na pista, aproximei-me dele sorrindo, ainda com a respiração ofegante, então ouvi Deus falar ao meu coração: "Viu, filha, é assim que você faz: enquanto ele caminha, você corre".

Fiquei paralisada, tentando discernir o que acabara de escutar.

Como assim ele caminha e eu corro?

Os dias seguintes foram de discernimento sobre as palavras que ouvi. Havia uma disparidade entre nós.

Lembra-se de Gênesis que mencionei neste devocional? Somos um só em Deus, e, enquanto eu estava acelerada, correndo rumo ao propósito de tudo que era lícito da parte de Deus para mim, meu marido ainda caminhava.

Os meses seguintes foram de alinhamento. Precisei me posicionar como auxiliadora e permitir que Alciomar fosse o sacerdote do lar.

Com o passar do tempo, fui percebendo que a vida frenética, a aceleração e tudo que eu estava vivendo haviam me levado a um local de fazer para ser – ser aceita e me sentir amada.

Quando desacelerei, Deus foi arando a terra do meu coração, e, como um campo preparado, arado, ferido para receber a semente, assim fiquei.

Desacelerar e arar a terra do meu coração me levou à solidão.

Eu não queria mais estar com as pessoas que, antes, eram as melhores companhias e, aos poucos, fui me dando conta de que o isolamento, de forma sutil, precede a solidão.

A solidão nos faz sentir desconectados – de pessoas e de lugares –, e, em tempos de tristeza, é comum que ela se manifeste. Todavia, a experiência da vida tem início com as conexões. Precisamos estar conectados a pessoas!

Enquanto vivi a solidão, abri espaço para suas comorbidades, se assim posso dizer.

A equação da solidão tornou-se:

insatisfação + reclamação + murmuração.

Insatisfação, porque nada me alegrava ou me fazia desfrutar com alegria dos momentos vividos.

Reclamação, porque me gerava descontentamento.

Murmuração, porque passei a falar de pessoas ou de situações.

Reflita comigo: Você já se sentiu insatisfeito? Já se viu reclamando de tudo? Pegou-se murmurando de coisas ou pessoas?

Será que não estamos conectados a lugares e pessoas saudáveis porque excluímos a nós mesmos?

Para sermos livres da solidão, precisamos sair do lugar de vítimas, assumir as responsabilidades perante nossas escolhas e lutar para sermos felizes; afinal, sofrer custa caro. E por que não pagar o preço para ser feliz? Para o que importa, de fato?

> Ensinando-os a guardar todas as coisas que eu vos tenho mandado; e eis que eu estou convosco todos os dias, até a consumação dos séculos. Amém. (Mateus 28:20)

Deus prometeu que estaria conosco todos os dias; então, quando você se sentir sozinho, lembre-se de que o coração não é o lugar de habitação da solidão. Você não está só, porque Deus está contigo diariamente!

Não há hora certa para a solidão chegar, mas há hora para ela ir embora, que é agora.

DEVOCIONAL

Pergunte: Onde a solidão está em mim?

A identificação é o primeiro passo; depois, reserve um tempo de compreensão de seus sentimentos; traga a verdade de como se sente e compreenda que, se sentimentos negativos invadirem seu coração, o jardim da alma será cultivado com sementes de rejeição e inadequação, o que o levará à solidão. Por último, mas não menos importante, seja gentil com você mesmo, exerça a autocompaixão.

Costumo dizer que só podemos amar ao próximo quando amamos a nós mesmos primeiro (Levítico 19, 18). E Deus nos convida a sair da solidão e a amar uns aos outros como Ele nos amou (João 13, 34).

Deus jamais foi solidão, e sim resgate para a salvação e a vida eterna.

> Porque, onde estiverem dois ou três reunidos em meu nome, aí estou eu no meio deles. (Mateus 18:20)

ORAÇÃO FINAL

Deus, hoje oro e Te agradeço pelo amor perfeito que encontramos em Jesus, que nos ensina a amar, a cuidar, e nunca nos deixa só. Decido por fé abandonar a solidão e avançar rumo ao destino que tens para mim. Oro por conexões abençoadas por Ti e lanço fora toda rejeição que tem me levado a um lugar de solidão. Decido ser livre e viver em comunhão contigo e com as pessoas às quais o Senhor me conectar. Blindo meu coração, porque nele não há mais espaço para murmuração; porque hoje, em nome de Jesus, sou livre de toda solidão.

Princípio 7

Seja livre

Foi para a liberdade que Cristo nos libertou. Portanto, permaneçam firmes e não se deixem submeter novamente a um jugo de escravidão.

– Gálatas 5:1

DEVOCIONAL

Na Bíblia Almeida Strong, versão on-line, há um recurso que, ao clicar nas palavras destacadas do texto, tem-se acesso à etimologia delas. Ao ler o versículo citado, acessei a palavra "liberdade", e a descrição que apareceu foi: "do grego *eleutheria*: a verdadeira liberdade consiste em viver como devemos, não como queremos".

Viver como devemos, não como queremos...

Para viver uma vida verdadeiramente livre, é preciso viver não como quero, como minha carne deseja, como o mundo, muitas vezes, propõe – uma vida vazia em si, egoísta no conforto, no acúmulo de riquezas para uso pessoal.

Liberdade é abraçar uma vida de generosidade. Jesus se fez carne e habitou entre nós, tudo suportou, levou sobre Si nossos pecados. O que mais posso querer para me satisfazer e me alegrar de verdade, que não conhecê-Lo e amá-Lo a cada dia?

A liberdade da qual desfrutamos hoje teve um preço: o sangue de Jesus na cruz.

Se hoje podemos declarar "sou livre", também devemos nos lembrar de que "nada além do sangue de Jesus nos torna livres do pecado".

Minha oração é para que cada palavra depositada neste devocional possa encorajar sua consciência para o fato de que só seremos livres se estivermos em Jesus. Apartados e distantes Dele, certamente voltaremos à condição de escravos, aprisionados pelo pecado, caminhando sem destino.

Seja livre em Cristo, vivendo como se deve, e não como se querer.

LIVRE DA MURMURAÇÃO

Estes são murmuradores, queixosos da sua sorte, andando segundo suas concupiscências, e cuja boca diz coisas mui arrogantes, admirando as pessoas por causa do interesse.
– JUDAS 1:16

Certa vez, fui convidada por uma amiga querida, a pastora Ana Paula, para ministrar em sua igreja. Foi uma bênção, e, após o culto, tive a oportunidade de conhecer o Complexo Hidrelétrico da cidade de Paulo Afonso, na Bahia.

O Complexo de Paulo Afonso tem, entre as usinas do Brasil, a terceira maior capacidade de geração de energia instalada. Nesse dia, em um passeio de catamarã, fiquei encantada com a beleza natural daquele lugar e pensei: "Nosso Deus é perfeito em tudo que faz!".

Durante o passeio, tivemos momentos de oração e adoração, e, enquanto o catamarã parava entre os cânions, Deus ministrou muito ao meu coração. Atravessamos a ponte metálica pelo rio e nos aproximamos bastante da represa, onde encerraríamos o *tour*.

Confesso que, diante daquela estrutura enorme, senti medo e pensei: "Meu Deus, se esta represa estourar, vou morrer esmagada pela força da água. Nem vai dar tempo de me afogar".

Hoje, algum tempo depois, refletindo sobre esse passeio, penso: "Há pessoas que morrem esmagadas pela murmuração!".

Temos o hábito de reclamar o tempo todo; nada nunca está bom.

A Bíblia nos ensina que:

Melhor é morar em uma terra deserta do que com a mulher rixosa e iracunda. (Provérbios 21:19)

Iracunda representa uma mulher cheia de ira, irritada, e sabemos que uma mulher com raiva e irritada certamente não professará palavras de bênção.

Para ser livre da murmuração, é preciso viver e vencer as batalhas da vida por meio da fé.

Naquele lugar repleto de água represada, entendi o que Deus ministrava ao meu coração: que a murmuração nos rouba a bênção porque nos leva à perda de tempo. Quando reclamamos, não reconhecemos o que temos; não há alegria nem satisfação.

> QUANDO MURMURAMOS, REPRESAMOS OS DONS QUE DEUS NOS CONCEDEU E SOMOS ESMAGADOS PELO DESCONTENTAMENTO.

Murmurador, em uma das muitas acepções do termo, é alguém que se queixa por estar descontente. Então, eu lhe pergunto: em quem você tem se alegrado?

O pronome é em QUEM porque, quando nos alegramos em Deus, somos fortalecidos Nele e satisfeitos em Sua presença. Reconhecendo o bom depósito de Cristo em nossa vida, encontramos satisfação.

Para ser livre de murmuração, é necessário:

1. alegrar-se em Deus;
2. cultivar a presença Dele no jardim da alma;
3. vigiar a língua.

Há um detalhe na história da viagem a Paulo Afonso que não mencionei. Quando o avião pousou no aeroporto, eu estava dormindo (geralmente, durmo com muita facilidade durante os voos), mas acordei com uma voz que sussurrava como melodia ao meu ouvido: "Vamos subir os níveis das águas deste lugar".

Então despertei e fiquei reflexiva em relação ao que escutara. Passei a orar a Deus por discernimento do que ouvira.

Naquele fim de passeio, diante da represa, tudo fez sentido.

No Portal Saneamento Básico, consta a seguinte informação: "[...] As represas são construídas para armazenar água e garantir o abastecimento de milhões de pessoas, seja de água ou energia elétrica, [...]".[29]

Deus estava me dizendo que tudo que fora represado na vida das mulheres daquela embarcação tinha um objetivo. Então, fiquei de pé no meio do catamarã e pedi um minuto de atenção.

E foi lindo o que Jesus fez ali. Falei que, ao pousar no aeroporto, Deus me dissera que aumentaria o nível das águas daquele lugar, e somente ali compreendi o que Ele falara.

Muitas mulheres ali eram aguerridas, estudiosas, repletas de habilidades, mas estavam com seus dons represados. Deus queria entregar-lhes porção nova e, para isso, precisava liberar o que estava represado, abrir as comportas e deixar fluir um novo nível de revelação acerca do chamado de Deus em sua vida.

Foi lindo demais esse momento! Oramos, adoramos a Deus, choramos e celebramos ali, declarando que não havia espaço para murmuração porque as comportas tinham sido abertas, e um novo nível de um relacionamento mais profundo em Deus estava sendo estabelecido naquele lugar.

Talvez hoje você seja essa mulher, com dons represados, mas veja só: os dons estão represados, não foram exterminados. Estão aí, dentro de você.

Minha oração é para que Deus possa abrir hoje as comportas de sua vida e liberar o fluir de tudo aquilo que você represou.

---

[29] Controle da qualidade da água de barragens. *Portal Saneamento Básico*, 2 jan. 2020. Disponível em: https://saneamentobasico.com.br/outros/geral/controle-qualidade-da-agua-barragens/. Acesso em: 12 ago. 2022.

DEVOCIONAL

ORAÇÃO FINAL

Deus, se hoje estou murmurando e represando em meu coração sentimentos que me impedem de avançar, quero entregar-Te minha vida e clamar a Ti, nesta hora, que as comportas dos céus sejam abertas sobre mim e eu possa fluir em tudo que o Senhor tem confiado sobre minha vida como bom depósito de dons, talentos e habilidades. Pai, se errei, represei, murmurei, hoje Te peço perdão e reafirmo minha aliança Contigo, declarando que sou livre de toda murmuração.

LIVRE DA IMPACIÊNCIA

Bem-aventurado quem não espera nada, porque desfrutará de tudo!
– SÃO FRANCISCO DE ASSIS

[...] todos dependemos, a todo instante, da misericórdia de Deus.
– PETER SCAZZERO

Esperar, esperar, esperar.... Nem sempre o tempo da espera é doce; às vezes, pode ser bem amargo; outras, trazer dores e desilusões; e, em tantas outras, pode querer pôr seu caráter à prova perante Deus, para que, vencendo o tempo da espera em fidelidade, você possa ser aprovado e desfrutar das promessas Dele!

O fato é que, durante a espera, há uma porção dos céus para cada um de nós que nos sustenta e nos faz suportar sentimentos, emoções e sensações que afloram em nosso interior e trazem medo, angústia, dor e sofrimento.

Aprendi, pelo que vivo, que, diante de cada situação desafiadora que surge na batalha à qual estamos submetidos, há, antes de tudo, a misericórdia de Deus sobre nós.

Segundo o dicionário Aurélio, misericórdia significa:

"Ação real demonstrada pelo sentimento de misericórdia; perdão concedido unicamente por bondade; graça.

> As misericórdias do SENHOR são a causa de não sermos consumidos, porque as suas misericórdias não têm fim; Novas são cada manhã; grande é a tua fidelidade. (Lamentações 3:22-23)

Se a dor da espera gera ansiedade, medo, questionamentos em nosso coração, a cada dia Deus concede Sua misericórdia sobre nós.

Quando tive câncer, lembro-me de quando acordei na UTI. Após a visita médica, foram me dar um banho. Eu estava ali, nua, deitada em uma maca, com a barriga toda costurada, colostomizada, com sonda nasogástrica. Um desespero e uma dor imensa invadiram meu coração. Posso me lembrar de como me senti pequena, sem entender o que estava acontecendo. Ao chegar ao apartamento do hospital, sozinha, de olhos fechados, eu disse:

DEUS, ONDE VOCÊ ESTÁ? Onde está nesta situação que não Te vejo?!

Quando nos sentimos cansados pelo tempo da espera e sucumbimos às emoções, questionando a Deus o motivo pelo qual determinada coisa está acontecendo, sem compreendermos a dor fala mais alto, e parece que o silêncio Dele é um abandono. Contudo, nesses momentos, lembro que Ele jamais abandona Seus filhos.

> SER LIVRE DA IMPACIÊNCIA É SABER PERSEVERAR NO TEMPO DA ESPERA. TAL ATITUDE REQUER CONFIAR EM QUE, NO SILÊNCIO DE DEUS, ELE CONTINUA A TRABALHAR!

O que você tem esperado?

É natural que a impaciência surja e traga consigo algumas dúvidas; em geral, alguns pensamentos acometem nossa mente, do tipo:

- "Ah, já espero há tanto tempo! Será que isso realmente é para mim?".
- "Já cansei de esperar! Deus parece não me ouvir. Vou resolver eu mesmo essa situação!".
- "Tudo está em silêncio; parece que não consigo ouvir mais nada. Acho melhor desistir".
- "Já passou tanto tempo que nem me lembro ou não quero me lembrar dessa promessa de Deus para mim. Cansei!"

Pensamos que há certa exclusividade perante esses pensamentos que nos atacam, como se isso só acontecesse conosco.

Você já se sentiu assim?

Aprender a esperar, ser livre da impaciência, é uma decisão racional; é orar e agir, ou seja, tomar uma atitude sob a direção de Deus.

Para vencer a espera, você precisará ser detetive de seus pensamentos! Assim, a investigação seguirá três processos distintos, mas complementares:

1. identificar como os pensamentos surgem;
2. verificar as emoções acopladas aos pensamentos;
3. avaliar a procedência do pensamento.

PROCESSO 1:
IDENTIFICAR COMO OS PENSAMENTOS SURGEM

De acordo com Beck (1964): "Os pensamentos automáticos são um fluxo de pensamento que coexiste com um fluxo de pensamento mais manifesto"[30].

Ou seja, passar por esses pensamentos não é desafio exclusivo para mim, e sim para uma gama muito mais extensa de pessoas, as quais geralmente são atingidas por pensamentos que vêm como relâmpago, oriundos de desafios e batalhas que fazem parte da vida e certamente se encaixam em alguma crença relacionada a algo vencido ou pelo qual a pessoa está passando.

Vou utilizar exemplos do que vivi para ilustrar essa explicação.

Quando estava doente, na primeira quimioterapia, perguntei à enfermeira onde estava "o balde", caso precisasse vomitar. Eu assistia a filmes, e, em todos eles, os pacientes em tratamento com quimioterapia estavam muito ruins, acamados, magros, sem cabelos e vomitavam. Então, diante daquela situação em que eu via as pessoas que lutavam contra o câncer, pensava que, por certo, o mesmo aconteceria comigo.

---

[30] https://centralpsicologia.com.br/artigo/pensamentos-automaticos-onde-tudo-comeca-e-termina.

DEVOCIONAL

Todo paciente que faz quimioterapia vomita; logo, eu também precisava de um balde, porque iria vomitar. A enfermeira sorriu e me explicou que eu não deveria generalizar o que vira nos filmes, porque cada situação é única, e cada organismo recebe o medicamento de modo diferente; ela me disse que apenas confiasse que tudo daria certo!

Não generalizar meus pensamentos. Era isso! Agarrei-me àquelas palavras, e, quando a mulher injetou a medicação no cateter, segurei a Bíblia perto do coração e busquei forças em Deus para encher minha mente do que era bom!

> Pensai nas coisas que são de cima, e não nas que são da terra;
> (Colossenses 3:2)

Eu precisava estar repleta das coisas eternas, da palavra de Deus, para identificar quando os pensamentos surgiam.

Na *Bíblia de Estudo Holman*, há um comentário de Colossenses 3:2: "Os objetos de esforços e pensamentos dos crentes são os lugares celestiais onde Cristo habita".[31]

Pensar com a perspectiva dos céus me fez identificar quando um pensamento chegava e a forma como vinha; assim, revestida de toda armadura de Deus, com o pensamento identificado, eu tinha condições de enfrentá-lo.

> Tomai também o capacete da salvação e a espada do Espírito,
> que é a palavra de Deus. (Efésios 6:17)

O capacete da salvação nos assegura ter a mente blindada contra pensamentos maus, que não procedem de Deus.

Você precisa identificar quem é o seu adversário. Aprender a identificar meus pensamentos trouxe paz e alegria ao meu coração, pois eu já

---

[31] BÍBLIA de Estudo Holman, p. 1.914. Disponível em: http://www.bibliadeestudoholman.com.br/. Acesso em: 12 ago. 2022.

não tinha pensamentos automáticos e generalizados das circunstâncias, nem dos possíveis "se": "Se isso acontecer..."; "Se aquilo acontecer...". Aprendi a identificar os pensamentos e a substituir aqueles de morte por pensamentos de vida.

> Porque eu bem sei os pensamentos que tenho a vosso respeito, diz o Senhor; pensamentos de paz, e não de mal, para vos dar o fim que esperais. (Jeremias 29:11)

Deus tem pensamentos de vida para você!

Assim, passei a alimentar minha mente e abastecê-la de Deus!

Quando você identificar um pensamento mau, lembre-se de tomar a armadura de Deus, vestindo o capacete da salvação e trazendo à mente o que lhe dá esperança.

Mas como fazer isso?

Declarando a palavra de Deus!

> Por que quem conheceu a mente do Senhor, para que possa instruí-lo? Mas nós temos a mente de Cristo. (1 Coríntios 2:16)

IDENTIFIQUE SEUS PENSAMENTOS E, CONTRA TODO PENSA-MENTO MAU, DECLARE: TENHO A MENTE DE CRISTO!

PROCESSO 2:
VERIFICAR AS EMOÇÕES ACOPLADAS AOS PENSAMENTOS

As emoções acopladas aos pensamentos são como pilhas que carregam um brinquedo e o fazem funcionar. Se o pensamento é mau, certamente virá acompanhado de emoções que nos farão mal. E o que fazer mediante essas emoções?

Quero que você imagine uma árvore linda, frondosa, repleta de galhos revestidos de folhas verdinhas. Pois bem, essa árvore existe e traz consigo um fruto completo que auxilia todo cristão a enfrentar suas emoções: o fruto do espírito!

> Mas o fruto do Espírito é amor, alegria, paz, paciência, amabilidade, bondade, fidelidade, mansidão e domínio próprio. Contra essas coisas não há lei. (Gálatas 5:22-23)

Não são frutos; é O fruto. É o fruto completo do Espírito Santo, que sopra sobre nós e sobre nossas emoções.

Convido você a assinalar acima as emoções que identificou sentir e que fazem parte de seu repertório comportamental. Em seguida, declare profeticamente sobre cada uma delas o fruto do Espírito correspondente.

Por exemplo, se identificou impetuosidade, declare: "Declaro que não sou uma pessoa impetuosa, mas que o fruto do Espírito Santo de Deus habita em mim e faz de mim uma pessoa mansa, calma e tranquila!".

Processo 3:
avaliar a procedência do pensamento

Como avaliar a procedência do pensamento? Como entender se determinado pensamento veio de Deus?

Costumo dizer que o primeiro ☑ para avaliar um pensamento vem da seguinte pergunta: "Por que estou pensando o que estou pensando?".

Deus dotou cada um de nós da capacidade de pensar; nos deu um cérebro incrível e indescritivelmente poderoso. Então, quando um pensamento surge, precisamos pensar sobre ele:

> Tenha cuidado com o que você pensa, pois a sua vida é dirigida pelos seus pensamentos. (Provérbios 4:23)

Se o pensamento for de Deus, dele procederá vida, não morte; paz, não guerra; bem, não mal.

Após identificar como os pensamentos surgem em sua mente, verificar as emoções acopladas a eles e avaliar a procedência desses pensamentos, você certamente conseguirá ser uma pessoa com pensamentos que geram vida e trazem paz; que o farão vencer o tempo da espera e ser livre da impaciência.

> Questionar é refletir, não é duvidar.
> Questionar é sinônimo de
> perguntar, indagar.
> Já duvidar é não acreditar, não
> admitir, descrer, não confiar.

Deus não nos criou como robôs, com respostas prontas e programação automatizada. Ao criar Adão, a Bíblia nos conta:

DEVOCIONAL

> E formou o Senhor Deus o homem do pó da terra, e soprou em suas narinas o fôlego da vida; e o homem foi feito alma vivente. (Gênesis 2:7)

Assim, quando Deus nos criou, soprou em nós vida e nos deu uma alma,[32] que é onde habitam nossas emoções. Desse modo, é mais que normal nos sentirmos tristes ou questionarmos, no tempo da espera, o porquê da demora e agirmos com impaciência, por querermos tudo ao nosso tempo, ao nosso momento.

Lembro-me de que, por volta do oitavo ciclo de quimioterapia, já bem cansada, tanto física quanto emocionalmente, das lutas que estavam sendo travadas, eu questionava a Deus quando aquilo iria acabar; quando a dor iria terminar; quando eu me veria curada.

Falei tantas vezes a Deus: "PAI, meu corpo não foi feito para a doença. Não aceito essa condição. Esperar tudo isso terminar está doendo demais; já estou cansada, com muita vontade de abrir mão do tratamento e parar".

Sabe, é supernormal nos sentirmos assim quando estamos imersos, por um bom tempo, em uma batalha. O cansaço abate a mente, e a esperança começa a minar, como a chama de uma vela que vai enfraquecendo. E como vencer esse sentimento? Como ser livre da impaciência?

Somos livres da impaciência quando as situações permitidas por Deus chegam até nós e nos levam ao processo de desenvolvimento pessoal e espiritual durante a jornada. Quem aprende a esperar no Senhor e no tempo Dele não será apenas livre da impaciência, mas também terá as forças renovadas!

> mas aqueles que esperam no SENHOR renovam as suas forças. Voam alto como águias; correm e não ficam exaustos, andam e não se cansam. (Isaías 40:31)

---

[32] O termo "alma" é a tradução do hebraico *nephesh*, e uma de suas acepções é "o lugar das emoções e paixões", de acordo com a Bíblia Almeida Strong.

"Na verdade, o homem só se torna homem e só é completamente ele mesmo quando fica absorvido pela dedicação a uma tarefa, quando se esquece de si mesmo no serviço a uma causa, ou no amor a uma outra pessoa. É como o olho, que só pode cumprir sua função de ver o mundo enquanto não vê a si próprio".

– Viktor Frankl

DEVOCIONAL

Tudo tem o seu tempo determinado, e há tempo para todo propósito debaixo do céu: há tempo de nascer e tempo de morrer; tempo de plantar e tempo de arrancar o que se plantou; tempo de matar e tempo de curar; tempo de derribar e tempo de edificar; tempo de chorar e tempo de rir; tempo de prantear e tempo de saltar de alegria; tempo de espalhar pedras e tempo de ajuntar pedras; tempo de abraçar e tempo de afastar-se de abraçar; tempo de buscar e tempo de perder; tempo de guardar e tempo de deitar fora; tempo de rasgar e tempo de coser; tempo de estar calado e tempo de falar; tempo de amar e tempo de aborrecer; tempo de guerra e tempo de paz. (Eclesiastes 3:1-8)

ORAÇÃO FINAL

Pai, oro e declaro, em nome de Jesus: sou livre da impaciência.

Confio em Ti e, durante os processos nos quais ainda não aprendi a esperar e a impaciência tem entrado em meu coração e me tentado a fazer as coisas do meu jeito, e a resolver tudo com a força do meu braço, decido abrir mão. O controle da minha vida está em Tuas mãos. Tenho paciência porque em mim há o fruto do Espírito Santo, e sou paciente. Espero no Senhor e somente em Ti confio. Renovo minhas forças em Ti, Pai, e descanso confiante de que, no tempo perfeito, no tempo em que o céu liberar a promessa em minha vida, ela vai acontecer, e sou indesistível em crer, em esperar, em orar, em manter a chama do Espírito Santo queimando no meu coração, já celebrando a vitória, em nome de Jesus, porque Aquele que prometeu é fiel para cumprir (Hebreus 10:23-25).

Sou livre da impaciência. Decido confiar e descansar no Senhor, pois, agindo Ele, quem impedirá? (Isaías 43:13) Oro, declaro por fé e recebo, em nome de Jesus, que sou livre da impaciência. Amém!

Livre da insatisfação

*Contra você, porém, tenho isto: você abandonou o seu primeiro
amor. Lembre-se de onde caiu! Arrependa-se e pratique
as obras que praticava no princípio. Se não se arrepender,
virei a você e tirarei o seu candelabro do lugar dele.*
– Apocalipse 2:4-5

Você já orou muito por algo, mas depois que conquistou o que tanto desejava a satisfação desapareceu?

Lembro-me de um dia em que meu marido me disse que trocaria nossos aparelhos celulares. Fiquei bem empolgada, porque queria muito o novo iPhone com aquela câmera incrível. Então, ele me disse que chegaria a casa com os aparelhos novos, incluindo a capa de proteção e a película de vidro, ao que imediatamente eu disse:

– Não! Não faça isso, porque quero ter a satisfação de abrir a caixa do celular.

Ele sorriu do outro lado da linha e, me conhecendo bem, achou melhor não insistir.

Aí, quando me entregou a caixa, sorri e fui logo a abrindo com todo o cuidado.

Transferi os dados para o novo aparelho, comprei a capa, a película de vidro, baixei aplicativos para usar com a nova câmera, mas, com o passar dos dias, a satisfação pelo objeto novo foi diminuindo, até que a novidade se tornou algo comum.

Hoje, olho para o celular, utilizo suas diversas funções, mas não sinto aquela satisfação, que durou por um momento.

Entendi que me acostumei com o aparelho e com os recursos oferecidos por ele. Após algum tempo, ele já não era mais novidade para mim, e o prazer da expectativa que criei sobre ele acabou, foi momentâneo, passageiro.

É interessante como agimos da mesma forma em nossas relações pessoais. Oramos por algo e, ao conquistarmos, incorremos, com o tempo, no erro de tratar, de forma comum, de modo ordinário, o que é extraordinário.

Em 2018, a cidade de Teresina vivia um avivamento; vidas estavam sendo transformadas e tocadas pelo evangelho de Cristo. Lembro-me de que, dois anos após viver coisas extraordinárias em Deus, entrei no modo automático e passei a tratar o extraordinário de forma ordinária, comum, sem satisfação, apenas fazendo o que precisava ser feito. Igual ao aparelho celular, que, com o tempo, passou a ser comum, o servir pelo qual tanto orei passou a ser "normal".

Passei alguns dias assim, meio "tá tudo bem", até que meu marido, conhecendo a esposa que tem, notou essa diferença em meu comportamento. Então, no fim da manhã de uma segunda-feira, recebi uma ligação dele, que me fez pensar sobre a situação que eu estava vivendo.

– Amanda, notei como sua satisfação em servir transformou-se em insatisfação. Você apenas faz, mas esqueceu-se de por quem faz. Lembra-se de quando você orava para viver tudo o que está vivendo hoje? De como pedia a Deus uma igreja saudável para crescer, aprender, servir, porque sua satisfação era servir? Você ama cuidar de pessoas, e eu quero lembrar a você de que vai à igreja e faz o que faz porque ama servir e cuidar das pessoas. Nunca se esqueça, meu amor, você está ali para servir!

Em algumas situações da vida, corremos o risco de nos deixar acostumar com algo pelo qual lutamos tanto para ter ou viver. E o que antes era extraordinariamente fascinante torna-se comum. O inimigo de nossa alma ama essa condição, porque ela nos deixa vulneráveis a abrir brechas; a insatisfação surge e traz consigo a murmuração e tantas outras coisas que não contribuem em nada para nossa vida.

Em tempos de grande dificuldade, precisamos nos guardar no Senhor e trazer à memória o motivo pelo qual fazemos o que fazemos.

Marta servia (Lucas 10:39-42), mas deu espaço à insatisfação e à murmuração quando questionou se Jesus não via quanto ela trabalhava e a irmã, Maria, não a ajudava.

A insatisfação gera descontentamento com o que fazemos, e o aborrecimento abraça nossa mente. Este servir não honra a Deus e não abençoa a vida das pessoas.

Passei o dia refletindo sobre as palavras do meu marido e resgatei da memória a alegria que sentia lá trás, no primeiro amor, quando o que mais importava não era agradar às pessoas nem ter qualquer tipo de reconhecimento, mas simplesmente agradar a Deus, fazendo o que fosse necessário, permanecer com todo o meu coração servindo minha família, que é o nosso principal ministério e servindo à igreja local.

Em tempos de profunda dificuldade, o salmista clama a Deus por um coração inteiramente fiel, que ande no caminho do Senhor.

 A INSATISFAÇÃO, QUANDO TOMA CONTA DO CORAÇÃO, NOS TORNA CRÍTICOS E NOS DISTANCIA DO CAMINHO DO PAI.

A insatisfação distorce a motivação, e outras questões tornam-se prioridade em nossa vida. Carreira profissional, sucesso, reconhecimento vão tomando espaço no coração, e a mente abraça outras questões como sendo prioritárias naquele momento. Passamos a nos enganar e construímos uma rede de mentiras que nos leva ao engano, achando que estamos servindo a Deus, quando, na realidade, estamos enrolados nessa rede, deixando de andar no caminho do Senhor.

Por isso o salmista clama:

> Ensina-me, SENHOR, o teu caminho, e andarei na tua verdade; une o meu coração ao temor do teu nome. (Salmos 86:11)

Quando somos um no Senhor, tornamo-nos completos Nele. E podemos desfrutar da satisfação no servir e nos frutos das boas obras que realizamos para a Glória de Deus.

DEVOCIONAL

> Guardei no coração a tua palavra para não pecar contra ti. (Salmos 119:11)

E foi em um dia de "crise" que no meu devocional li o livro *Bom dia Santo Espírito*,[33] do pastor Carlito Paes, em que ele dizia quanto um discípulo saudável sempre será produtivo, pois Deus o criou para boas obras.

> Disse-lhes Jesus: "Meu Pai continua trabalhando até hoje, e eu também estou trabalhando". (João 5:17)

A satisfação vem por cumprir a missão que o Pai nos confiou. Servir, amar, cuidar, dispor dos recursos para o Reino de Deus é apenas cumprir o que nascemos para realizar. Por isso, é preciso manter o coração guardado Nele, protegido, sempre examinando a motivação pela qual fazemos o que estamos fazendo.

Seja satisfeito com o que o Pai confiou a você, pois há pessoas que podem ser tocadas e ter a vida transformada por sua satisfação e alegria em servir!

A igreja de Éfeso era conhecida pelo fazer, pelo trabalho árduo e pela perseverança em meio ao sofrimento, mas abandonara o primeiro amor, e o fazer sem amor não é o que Deus deseja de nós.

REFLEXÃO

A igreja de Éfeso representa cada um de nós que, na incessante busca de fazer e obedecer, acaba ligando o piloto automático, abandonando o motivo pelo qual faz: a essência, o AMOR.

Lembre-se dos anos passados, nos quais você orava para ter o que tem hoje, para viver o que vive hoje.

Sua alegria é a mesma? Há contentamento?

Se em algum momento a insatisfação habitou seu coração, lembre-se de onde você caiu e arrependa-se (Apocalipse 3:5).

---

[33] PAES, Carlito. *Bom dia Santo Espírito*. São José dos Campos: Editora Inspire, 2018.

Satanás tenta minar nosso contentamento, mas, como o apóstolo Paulo nos ensina, nossa satisfação está no Senhor, e isso independe das circunstâncias.

> Não digo isto como por necessidade, porque já aprendi a contentar-me com o que tenho. Sei estar abatido, e sei também ter abundância; em toda a maneira, e em todas as coisas estou instruído, tanto a ter fartura, como a ter fome; tanto a ter abundância, como a padecer necessidade. Posso todas as coisas em Cristo, que me fortalece. (Filipenses 4:11-13)

Entregar nosso melhor para Deus é uma decisão pessoal, mas também um ato de fé e de amor.

> Foi pela fé que Abel ofereceu a Deus um sacrifício melhor do que o de Caim. Pela fé ele conseguiu a aprovação de Deus como homem correto, tendo o próprio Deus aprovado as suas ofertas. Por meio da sua fé, Abel, mesmo depois de morto, ainda fala. (Hebreus 11:4)

ORAÇÃO FINAL

Senhor, eu me arrependo de ter permitido à insatisfação entrar no meu coração e encontrar espaço nele para habitar. Desejo ser livre de toda insatisfação em meu ser.
Pai, abraço Teu amor; nele encontro o desfrutar da satisfação que há em ser Teu filho(a), em andar no Teu caminho, em servir a Ti.
Te amo, Jesus, e declaro, em Teu nome, que sou livre de toda insatisfação, porque me satisfaço na Tua presença.

Conclusão

O que nos torna livres? São tantas coisas que fazemos, lemos ou estudamos para alcançar a tão sonhada liberdade. Mas, na realidade, como dizia Edith Eva Eger: "a liberdade é uma escolha".

Escolho ser livre. Nós decidimos ser livres! E o primeiro passo para ser livre é a consciência da condição de escravidão. Então eu lhe pergunto: quais são as áreas de sua vida que são como grilhões em suas mãos ou em seus pés que o impedem de avançar ao destino que Deus tem para você, para sua casa, para sua família?

> SER LIVRE NÃO É APENAS QUEBRAR
> AS PRÓPRIAS CORRENTES, MAS VIVER
> DE UMA MANEIRA QUE RESPEITE E
> AUMENTE A LIBERDADE DOS OUTROS.
> – NELSON MANDELA

Antigamente, os grilhões não eram atados às mãos, mas aos pés. Fui buscar entender o porquê disso, e a primeira coisa que encontrei foi:

grilhões são pesos amarrados aos pés que impedem o caminhar, o avançar, e tornam impossível seguir em frente.

> Lâmpada para os meus pés é tua palavra, e luz para o meu caminho. (Salmos 119:105)

Este devocional de 21 dias não tem o poder de libertá-lo ou de torná-lo livre, mas, sim, a palavra de Deus depositada aqui.

A palavra de Deus é a chave para romper os grilhões que o impedem de andar e avançar rumo ao destino que o Pai preparou para você!

Você pode ser livre e retornar à condição de escravidão. Para permanecer livre, é preciso manter acesa a chama da presença de Deus em seu coração. Uma brasa apartada do braseiro logo esfria e deixa de queimar; então, oriento a você que deseja permanecer queimando: junte-se ao braseiro, leia a palavra, alimente o fogo da alma na presença de Deus e deixe queimar as intenções do coração e alinhar o desejo do Pai para sua vida.

Lembre-se de que a palavra de Deus é suficiente e poderosa para fazê-lo livre de tudo que o aprisiona, além do porto seguro para que você não retorne ao cativeiro da alma doente.

Permaneça na presença.

Permaneça sendo brasa no braseiro.

Permaneça queimando para uma vida LIVRE EM CRISTO JESUS.

Com amor,

Amanda Veras

"A nossa grande honra está em sermos precisamente o que Jesus foi e é. Ser aceito pelos que O aceitam, rejeitado pelos que O rejeitam, amado pelos que O amam e odiado pelos que O odeiam."

– A. W. Tozer